LUIS PUMARES PUERTAS
LICENCIADO EN PEDAGOGÍA Y DOCTOR EN EDUCACIÓN POR LA UNIVERSIDAD COMPLUTENSE DE MADRID, ES PROFESOR EN LA FACULTAD DE EDUCACIÓN DE DICHA UNIVERSIDAD EN EL DEPARTAMENTO DE DIDÁCTICA Y ORGANIZACIÓN ESCOLAR.

Luis Pumares Puertas

El oficio de maestro

PRIMERA EDICIÓN: SEPTIEMBRE 2010
SEGUNDA EDICIÓN: ENERO 2017

DISEÑO DE CUBIERTA: ESTUDIO PÉREZ-ENCISO

© LUIS PUMARES PUERTAS, 2010

© LOS LIBROS DE LA CATARATA, 2010
 FUENCARRAL, 70
 28004 MADRID
 TEL. 91 532 05 04
 FAX 91 532 43 34
 WWW.CATARATA.ORG

EL OFICIO DE MAESTRO

ISBN: 978-84-8319-539-0
DEPÓSITO LEGAL: M-39.917-2010

ESTE MATERIAL HA SIDO EDITADO PARA SER DISTRIBUIDO. LA INTENCIÓN DE LOS EDITORES ES QUE SEA UTILIZADO LO MÁS AMPLIAMENTE POSIBLE, QUE SEAN ADQUIRIDOS ORIGINALES PARA PERMITIR LA EDICIÓN DE OTROS NUEVOS Y QUE, DE REPRODUCIR PARTES, SE HAGA CONSTAR EL TÍTULO Y LA AUTORÍA.

Si no ponéis remedio a nuestros males, es inútil que alabéis la severidad de vuestra justicia, ya que permitir que el pueblo sea mal educado, que las costumbres estén corrompidas desde la infancia, para castigar más tarde al desgraciado que roba debido a una mala educación primaria, es una verdadera iniquidad.

En una palabra, que vosotros sois los primeros en permitir que existan criminales, para poder permitiros después el placer de colgarlos.

Tomás Moro

ÍNDICE

NOTA DEL AUTOR 11

INTRODUCCIÓN 15

¿QUIÉN QUIERE SER MAESTRO? 17

NO SÓLO PARA PEQUEÑOS 20

LAS FUNCIONES DEL EDUCADOR 22

LAS COSAS CAMBIAN 27

¡QUÉ RAROS SON LOS NIÑOS! 31

UNA REIVINDICACIÓN BÁSICA 36

EL ÉXITO Y EL FRACASO 37

LA SOLEDAD DEL CORREDOR DE FONDO 42

EL PUDOR DEL DESNUDO 48

MAESTROS Y PROFESORES 53

LA PARTICIPACIÓN. PIEDRA DE TOQUE 57

DEMOCRACIA Y ESCUELA 65

IDEOLOGÍA Y ESCUELA 70

LOS ALUMNOS DE AHORA Y LOS DE ANTES 73

¡CÓMO SON LOS JÓVENES DE AHORA! 77

UNA REFLEXIÓN FINAL 82

CONCLUSIÓN 89

NOTA DEL AUTOR

Érase una vez un día cualquiera de la semana, pongamos un lunes, por ejemplo, a primera hora de la mañana, una maestra cualquiera sale de su casa y se dirige a su escuela. Durante el fin de semana han sucedido muchas cosas que no se puede quitar de la cabeza, la enfermedad de su padre, que no termina de pintar bien, las dificultades para dejar al pequeño de sus hijos al cuidado de alguien mientras su canguro habitual está dando a luz a su vez, los pagos pendientes de la hipoteca, su inminente separación... o no, la alegría de la fiesta de cumpleaños de la tarde anterior, la caída del primer diente de Rosaura... Es que, antes de ser maestra, es persona, tiene una vida privada, tristezas y alegrías... y con toda esa impedimenta se encamina a clase cada mañana.

Tiene previsto lo que pretende hacer, que sus clases las prepara mucho.

Pero también sabe que por las vidas de sus veinticinco "demonios", como a ella le gusta decir, también han pasado muchas cosas: quién durmió mal, quién viajó, quién tiene una mala situación familiar, quién ha tenido fiebre, quién...

Y sabe, por experiencia, y por convicción, que entre lo que ella planificó y lo que se hará esa mañana en el interior del aula puede haber una gran diferencia.

De eso habla este libro.

De lo que hacen los maestros y las maestras —los educadores, en fin— en el desempeño de su profesión.

De esa profesión de la que todo el mundo opina, de la que todos saben y que resulta tan sencilla y tan compleja a la vez.

No todo va a ser amable en el desarrollo de estas páginas, incluso me apresuro a anunciar que no lo será en buena parte del texto.

Intuyo que, tras su lectura, muchos lectores podrían interpretar que se trata de una reflexión crítica acerca del trabajo docente, es decir, de lo que hacemos los maestros en contraposición con lo que deberíamos hacer.

Y eso es en realidad y no otra cosa. Una reflexión crítica y autocrítica, pero me apresuro a declarar que en el mejor de los sentidos.

Las líneas que siguen intentan ser *una mirada hacia adentro*, y si en algún momento da la impresión de que se presta más atención, o se pone más vehemencia, en la denuncia de las carencias que en la exaltación de las virtudes, es sólo porque creo que así debe hacerse, lo cual no significa en modo alguno que las virtudes no estén presentes o que no se valoren suficientemente.

Se trata, en definitiva, de la creencia, personal y profunda, supongo que no muy ampliamente compartida, de que la autocrítica es más constructiva que la autocomplacencia. Recrearse en lo bien hecho carece de todo interés, y quiero pensar que un buen porcentaje de maestros *hacen bien su trabajo*, pero eso no debería ser digno de destacar.

Me apetece pensar que lo normal es que cualquier profesional en ejercicio, en cualquiera que sea su rama laboral, debe hacer bien su trabajo; a eso se dedica, para ello ha sido formado y por esa función recibe su salario mensual —otra cosa bien distinta es si su salario se corresponde con la responsabilidad que se le exige (cuestión no baladí, por cierto), pero esa reflexión se la dejaré gustoso a las organizaciones profesionales y sindicales, que también deberán cumplir con su función—.

Hablar de educación y de las exigencias que el educador encuentra es una tarea compleja. En las consideraciones que se desarrollan en este libro se entremezclan contenidos y temáticas, aparecen aspectos que se insinúan y que se retoman más tarde, y se abordan otros que ya aparecieron con anterioridad, pero es que así es la educación, una tarea compleja donde las haya, en la que todo se entremezcla y el individuo se presenta inseparable de los demás, y de su entorno, y de sus circunstancias, porque somos seres sociales y "relacionales" y no cabe explicarse a uno mismo si no se explican las relaciones con lo que nos rodea.

En cuanto a lo que tiene que ver con cuestiones formales, quiero destacar que, a sugerencia de la editorial, hemos convenido de buen grado en algo que, creo, ha dado un resultado satisfactorio: el uso que se hace del lenguaje dice mucho de uno mismo, pero... ¡cuidado!:

El masculino genérico es injusto, machista, impropio de los tiempos que corren... ¿quién se atrevería a negar esto hoy?

El uso permanente del doble género nos condena a una redacción farragosa, reiterativa y, con frecuencia, nos conduce al tedio.

¿Por qué no ser flexibles? Tanto más cuanto en estas páginas no se defiende otra cosa que la flexibilidad, que la necesidad de adaptación.

Hemos intentado conjuntamente hacer un uso razonable de ambas consideraciones y me parece que el resultado es bastante justo.

Si en algún caso no lo fuese, ruego disculpas anticipadas a las posibles lectoras por esta circunstancia, sobre todo al tratarse de un texto que se refiere a la profesión docente en la que la gran mayoría de sus miembros son precisamente mujeres. Pido un esfuerzo de comprensión y os aseguro, compañeras, que siempre os he tenido y os tengo muy presentes en la redacción de estas páginas y os pido que no os sintáis excluidas si en alguna ocasión, por falta de equilibrio o de tacto, predomina el uso del masculino genérico que lo engloba y lo uniformiza todo.

LUIS PUMARES PUERTAS

INTRODUCCIÓN

La clásica controversia entre si el maestro nace o se hace, no es tal en mi caso. En algún sitio tengo ya escrito que yo nací maestro.

Fue mi madre, en realidad, la que se encargó de que así fuera, pues insegura de poder proporcionar a su escueta prole unos estudios de "más altos vuelos", se propuso que, al menos yo, como primogénito, sería maestro. El tiempo y la experiencia diría qué habría de ser del hijo menor, hermano mío para más señas, pues llegado el momento ya se hallaría ella más experta en las difíciles artes de dar estudios al retoño y en las más enigmáticas aún de costearlos, que constituían la parte esencial de sus dudas. Y así ocurrió, ciertamente; cuando se presentó la necesidad del segundo hijo, ya se encontraba ella cierta en la experiencia lograda con el primero, y solventó el asunto sin duda alguna ni reproche que hacerle...

Pero vayamos por partes, que antes fue lo primero... y lo primero fui yo, que nací cuando las tales dudas aún no estaban resueltas, y en una familia sin antecedentes universitarios de ningún tipo, tales pretensiones resultaban casi inalcanzables, como si el acceso al supremo conocimiento estuviera reservado a familias de otra alcurnia, más alta y noble que la nuestra.

El caso es que desde que tengo uso de razón, y sospecho que aún mucho antes de tenerlo, no he oído otra cosa más que sería maestro. De modo que cuando llegó el momento de terminar el Bachiller, aun en contra de la opinión de alguna de mis más entregadas profesoras, que consideraban el magisterio un completo desperdicio de mi capacidad —nunca he entendido qué argumentos apoyaban tan injustificada certeza—, no dudé en encaminarme a "la Normal", como entonces se denominaban las escuelas universitarias de formación del profesorado, como sede inevitable de mi inminente formación docente.

Inmediatamente abordaré algunas reflexiones acerca de las implicaciones de las opiniones de mis "profesoras predilectas" que, es muy probable, se correspondan con las de otra ingente multitud de ciudadanos y ciudadanas que comparten idéntica opinión acerca de la preparación que requiere el magisterio.

Toda esta cuestión puede resultar una simple curiosidad, pero la aparente ligereza que pudiera suponer el lector en la idea de mi madre, además de las consideraciones a las que pasaré a continuación acerca de los requerimientos necesarios para la formación del maestro, no es tan ligera; proporciona una lectura interesante: nací en una época en la que las clases trabajadoras aún creían en la educación como la única vía de liberación del individuo, y pretendían que sus hijos —ya sus hijas también, en esos años— accedieran a la Universidad del modo que se pudiera, y las familias hacían el sacrificio necesario para poder proporcionarle a sus retoños "los estudios que ellos no habían podido tener".

En la actualidad, hace mucho que las clases trabajadoras han dejado de creer en ese efecto liberador y son otros los intereses y los valores de padres e hijos respecto a las salidas personales y profesionales más deseables.

Lo cierto es que a los diecinueve años fui el maestro más joven de la Comunidad de Madrid, para regocijo de mi madre, sin que ello supusiera, para mí, el más mínimo sobresalto, tan predispuesto me encontraba ya a tal *oficio*. El polvo de la tiza y la algarabía infantil me parecieron el entorno al que estaba predestinado y, desde entonces, *maestroscuela*, *pequeñólogo*[1], no he dejado de pasar por cuantas etapas, niveles, ciclos, cursos, grupos... han dispuesto las diversas y sucesivas formas que ha adoptado nuestro sistema educativo y de desempeñar todos los cargos colegiados o unipersonales que las sucesivas prescripciones normativas han ido contemplando: director, jefe de estudios, secretario, coordinador de ciclo/etapa, asesor de formación del profesorado, etc. He impartido clase en Educación Infantil, Educación Primaria (también en su versión EGB), Educación Secundaria y Educación de Personas Adultas... en Educación Especial e Integración, en Educación Compensatoria... En fin, que no puedo utilizar, como garantía de conocimiento, la experiencia, pero que experiencia he tenido.

A fin de cuentas, yo siempre he defendido que lo único que garantiza la mucha experiencia es que uno es viejo y, por lo tanto, se encuentra en un estado profesional próximo a la jubilación, pero sé que sin experiencia, críticamente utilizada, no es fácil llegar a ser el maestro o la maestra que siempre quisimos ser, el que desearíamos para nuestros hijos, aquel al que tuvieron todo el derecho las sucesivas promociones del alumnado que tuvimos a nuestro cargo y no siempre le supimos proporcionar.

Por todo ello, creo estar en condiciones de afirmar que fui un maestro "bocacional", no sé si vocacional, porque la vocación, que sin duda tuve, me llegó por "boca" de mi madre... que nunca una "v" y una "b" estuvieron a tan poca distancia.

¿QUIÉN QUIERE SER MAESTRO?

Importa en primer lugar la opinión, creo que más o menos extendida, de que "para maestro sirve cualquiera".

Es cierto que tras la noble intención de mi madre para con su hijo, como les ocurre a muchas otras personas, a quienes voy a suponerles la misma buena intención, el hecho de presumir

---

[1]. Nomenclatura acuñada por Luis Díaz, compañero en tales menesteres docentes e inventor de otros muchos términos que generalmente asoció al muy noble ejercicio de la docencia.

que sería maestro porque era una carrera corta, fácil, al alcance de las clases más desfavorecidas, suponía admitir que para maestro vale cualquiera, es decir, expresado de forma llana:

Si no sirves para otra cosa...
Si tus padres no pueden costearte otra carrera mejor...
...estudia Magisterio (hazte maestro).

Ha costado mucho tiempo y gran cantidad de esfuerzo, pero ya han empezado a oírse voces muy autorizadas —bueno, yo no sé muy bien qué es eso—, que gozan del respeto (o al menos del aplauso general: Punset, Savater, Marina...), nuevos profetas de la divulgación del conocimiento, que defienden, aseveran, por fin, que la formación necesaria para ser maestro debería encontrarse entre las más exigentes, tal es la complejidad y la responsabilidad que comporta la práctica docente, la educación de las nuevas generaciones.

Nada tengo en contra de las mencionadas personas, al contrario, pues las tres que he citado gozan de todo mi respeto y admiración, y por ello me permito la cita cuando no es mi intención recurrir a figuras de autoridad en la argumentación que se desarrolla en estas páginas. Sólo quiero resaltar que desde el enfoque de la "divulgación" se permite la afirmación de supuestas verdades sin necesidad de comprobación alguna, por muy ciertas que éstas sean o que el sentido común las ratifique por sí sólo. Basta que Punset diga por TV, con acento engolado y autocomplaciente: "Ahora sabemos que..." para que aquello que sea lo que sabemos sea considerado "ciencia", sin preguntarnos quiénes somos quienes lo sabemos, ni por qué procedimiento nos ha llegado el supuesto conocimiento.

Pues bien, ruego al lector que me lea, de ahora en adelante, con idéntico acento engolado —yo procuraré que autocomplaciente, no—, porque voy a hablar de mi propia experiencia y no utilizaré fuente alguna de supuesta, reconocida, autoridad.

Sí. Sin necesidad de la autoridad de esas voces, con todo respeto para ellas, yo mismo lo he comprobado a lo largo de treinta años de ejercicio docente en todas las etapas educativas, en el desempeño de todos los cargos administrativos (colegiados o unipersonales), al servicio de unas y otras leyes orgánicas de educación de gobiernos de uno u otro signo político... (dudo mucho que en materia de normativa educativa haya más de un signo político) y creo estar en disposición de reivindicar la necesidad de una exigente formación para el futuro, y aun el actual, profesorado. Sí, yo creo en la necesidad de ser exigente con quienes pretenden alcanzar el privilegio de ser considerados dignos de estar en contacto con los más pequeños: la promesa del futuro, los artífices de lo que habrá de ser el mundo, los depositarios del amor, la verdad, la belleza, el cielo, el mar, la honradez, la decencia, el compromiso, la crítica (la autocrítica)... el amor... (¿había dicho ya el amor?)...

¿Habrá algo más importante en la vida y, por lo tanto, más digno de tenerse en cuenta, de enseñarse, de transmitirse, de inculcarse, de vivirse... que el amor?

¿De verdad podemos creer que quienes deben velar por cómo se instalan todos esos conceptos, valores, herramientas... en nuestras nuevas generaciones pueden ser aquellos a quienes la nota de selectividad no les alcanzó para otra cosa, o sus padres no pudieron costearles una carrera mejor?

Yo descubrí pronto que para mi profesión de maestro habría de servir de poco el vaticinio de mi madre, por bienintencionado que éste fuera, y que el ejercicio docente se presentaba como una práctica exigente de lo mejor de uno mismo, como un reto diario, impredecible, apasionante, renovado cada día, renovador siempre.

Pronto comprendí que los niños y las niñas no son ni buenos ni malos. Simplemente son niños y niñas, y que somos los educadores quienes somos buenos o malos, y que cabe exigir, de una sociedad moderna, el mejor de los educadores disponibles para la atención de nuestros niños y de nuestros jóvenes...

Con frecuencia oímos críticas, comentarios, noticias... acerca de lo malos que son los jóvenes de ahora, de lo "malcriados" que están en la actualidad, de la dejadez de los padres... y no es verdad.

Los chicos son como han sido siempre, tienen el punto de rebeldía que corresponde a cada nueva generación, sólo eso. Es más, no son sino como nosotros los hemos hecho, han heredado los vicios que nosotros hemos inculcado en ellos.

¿Los padres y las madres...? Como los de cualquier época, igual de inseguros, igual de deseosos de encontrar lo mejor para sus hijos, igual de temerosos de estarse equivocando... ¿desde cuándo ha sido fácil ser padres?

NO SÓLO PARA PEQUEÑOS

Por si todo esto fuera poco, ocurrió que, pronto y contra todo pronóstico, yo a mi vez tuve un hijo.

No sé si estaba preparado para eso, puede que nunca lo estemos en realidad, pero es algo que hay que afrontar, porque él llegó con la indudable intención de cambiar por completo la egoísta visión que hasta entonces tenía yo del mundo.

En la juguetona complicidad familiar yo le llamo "presunto"...

Y él responde a tan infame expresión con la misma complicidad.

Pero si se me permite la expresión diré: ¡joder, cómo le quiero...!

Es bueno que vayan sabiendo los escasos, potenciales lectores de estas líneas, que los maestros también decimos "joder", e incluso cosas peores si llega el caso, que somos personas como las demás y que estamos sujetas a las vicisitudes de la vida como todo el mundo, y que damos rienda suelta a nuestras emociones, y que es en esas situaciones, en las que aflora la emoción, cuando acaso seamos más maestros...

Creo que si no tuviera los años que tengo, y la experiencia, y no supiera que casi todos los padres del mundo podrían decir esto mismo, y que no les faltaría razón, afirmaría que nadie ha querido nunca a un hijo como yo quiero a "mi presunto"...

"Presunto" tiene ahora 25 años, pesa 95 kg en canal y calza un 43, vive con su pareja (creo que todo lo felizmente que se puede vivir en pareja) desde hace dos años... pero yo le sigo queriendo como cuando era apenas un bebé. Y me preocupo de si llega o de si sale, o de si le veo triste o feliz... y procuro que no se note que estoy pendiente, y que parezca que casi me da igual porque sé que tiene que hacer su vida... y no está bien que él se dé cuenta de que su vida nunca va a dejar de ser parte de mi vida... y que...

Y entonces me entró el pánico de, conociendo cómo es un colegio por dentro... ¿dónde llevaría a mi hijo? ¿Cómo protegerlo de los inminentes peligros del mundo? ¿En qué lugar estarían dispuestos a proporcionarle la atención, el mimo, el cuidado que su madre y yo le prestábamos?

¿Cómo protegería a mi hijo de todos esos maestros que lo son porque no sirvieron para otra cosa, porque para maestro vale cualquiera, porque se trata de una carrera corta, fácil y poco exigente...? Creo que todos los padres y todas las madres del mundo han sentido alguna vez esa misma preocupación, esa duda, esa angustia del primer día de separación.

Hay mucha literatura —y el tema lo merece, por cierto— acerca de la angustia del pequeño en su primer día de clase, de separación de la vida familiar, pero ¿y la angustia de la madre, del padre que deja a su hijo en la puerta de la escuela por primera vez?

Ese episodio afectó de una manera definitiva a la visión que yo tenía del ejercicio docente, porque además del protagonismo indudable que los pequeños tienen en todo el proceso de enseñanza-aprendizaje, aparece el compromiso con las familias, otro elemento importantísimo de esa Comunidad Educativa de la que nadie parece dudar que docentes y alumnado formemos parte desde el principio.

Efectivamente, todos los padres, todas las madres, como a mí me pasaba, necesitan la garantía, la certeza de que los maestros de sus pequeños serán las personas sensibles y cercanas que aseguren el bienestar de los niños y procuren para ellos el lugar de protección y de confianza que necesitan para que la escuela sea prácticamente una continuación del hogar, que velen por su desarrollo, que conduzcan su aprendizaje.

A veces me he sorprendido especulando mentalmente acerca de que así como la Iglesia prohíbe la paternidad a los religiosos, el magisterio debería exigirla al profesorado; de ese modo todos los maestros sabrían el cuidado que se pone en los hijos y se apartarían definitivamente de esa postura de distanciamiento que se observa hacia los padres, a la que me referiré más adelante.

LAS FUNCIONES DEL EDUCADOR

Ironías aparte, lo cierto que es que de entre las múltiples funciones que cabe exigir que cumpla el maestro, aun a riesgo de simplificar hasta la obscenidad, voy a señalar dos obligaciones sin las cuales la función docente me parece moralmente reprobable.

La primera de ellas se deriva de lo anterior: *el maestro tiene la obligación de querer a sus alumnos y alumnas.*

Nótese que no digo apreciar, ni sentir cariño, no. Digo querer. Y sin esa dimensión afectiva del trabajo docente no se debería ejercer esta profesión. Y nótese también que he dicho obligación, no responsabilidad, tarea, u otro término evasivo.

Pasamos con ellos nueve meses al año, muchas horas, y a diario. En algunas ocasiones extremas pasamos con algunos niños tanto tiempo o más que sus propias familias, y esta situación puede prolongarse por más de un curso en muchos casos... ¿cómo no vamos a querer a nuestros niños? Somos nosotros quienes estamos pendientes de sus dificultades, de sus dudas, de sus temores, conocemos las fortalezas y las debilidades de cada uno, recibimos su afecto y su cariño a diario... ¿qué clase de maestros seríamos si no los quisiéramos como a algo nuestro?

En muchas ocasiones es el maestro quien descubre, quien alerta acerca de determinados problemas que el alumno presenta, de pequeñas discapacidades, dolencias, etc., no detectadas hasta ese momento.

Con frecuencia he afirmado delante de mis alumnos y alumnas de la Facultad de Educación —espacio que en la actualidad comparto con el ejercicio del magisterio— que sólo aprendemos de aquellas personas por las que sentimos afecto, y añado, y/o por las que sintieron afecto por nosotros y nos lo hicieron notar. Por aquellas personas que nos hicieron sentir que éramos importantes para ellas, que nos tuvieron en cuenta.

¿Cómo puede ser que termine un curso y no sepamos el color de los ojos de nuestros alumnos, de nuestras alumnas, en todos y cada uno de sus matices?

¿Cómo puede ser que preguntemos a diario "cuánto sabes", y nunca "qué te pasa" o "cómo estás"?

¿Cómo puede ser que no notemos cuándo alguien en la clase tiene un problema, una dificultad, se encuentra triste o contento, no ha dormido bien...?

No. Las personas que no sean capaces de amar a sus alumnos no son dignas de ejercer el magisterio.

En las edades que nos ocupan (0-6 años, en la Etapa Infantil, y 6-12 en la Primaria) son absolutamente excepcionales, si es que hay alguno, los casos de alumnos cuya conducta sea tan conflictiva que un profesor experimentado no pueda controlar. Es más adelante cuando se presentan estas situaciones y, aun ahí, diré, a pesar de lo impopular que resulta tal afirmación entre el profesorado, que son las carencias profesionales del docente las que se encuentran en el origen de la conflictividad en la mayoría de los casos, aunque éste no es el tema que interesa a estas páginas.

En estas edades, digo, el cariño que ponemos en nuestros alumnos, generalmente, nos es correspondido con creces. En la primera infancia el maestro, diré aquí que la maestra, por la absoluta mayoría de mujeres a cargo de esta etapa educativa, resultan personajes intocables en la consideración de los pequeños.

Ese cariño, además, lo entregan, lo expresan y lo muestran sin reservas ni condiciones.

En esas edades los niños y las niñas no dudan en arrojarse en los brazos de su maestra, cubrirle de besos o defenderle ante cualquiera que ponga en entredicho su persona o su trabajo. Ni sus padres o familiares más directos pueden contradecir lo que en "el cole" le han dicho (o ellos han creído entender) sin enfrentarse a la defensa encarnizada que el pequeño hará de su "seño"...

¿Qué hacemos los docentes, a medida que van pasando los años, con ese potencial de afecto del que gozamos? ¡Qué mala gestión debemos estar haciendo del mismo para perderlo en el tiempo que dura la escuela Primaria!

Somos nosotros los encargados de conservarlo, pues nosotros somos quienes nos reservamos el derecho de tomar las decisiones en el aula. Somos los responsables del clima que permitimos o que propiciamos, de las relaciones que establecemos en el grupo, de los niveles de relación y de interrelación que se dan entre profesores, padres y alumnos... ¿a quién vamos a culpar cuando luego no funciona?

Como digo, esa dimensión afectiva del trabajo docente es imprescindible pero, por supuesto, no resulta suficiente. Es evidente. El maestro debe querer mucho a sus alumnos, pero no basta con eso. Además es necesario que posea una sólida formación pedagógica que le permita actuar e intervenir con decisión, pero con prudencia, en el proceso de desarrollo de su alumnado, con una actitud reflexiva y crítica, sensible y atenta.

Del mismo modo que no nos basta con que sea cariñoso y atento el neurocirujano que va a operar a un familiar querido, no podemos conformarnos con que el docente sea cercano y amoroso con los pequeños, por mucho que hayamos defendido que de esas cualidades no se puede prescindir. Además, necesitamos al profesional comprometido y entusiasta, competente, poseedor de una sólida formación que se irá matizando y perfeccionando con la experiencia, que desarrollará sus propias habilidades docentes y construirá su propia didáctica en el entorno de un pensamiento docente propio, dinámico y cambiante, dispuesto a adaptarse a las necesidades de su alumnado.

No creo que sea necesario aclarar que esa necesidad de cariño y de cuidado que proclamo imprescindible no puede confundirse en modo alguno con permisividad excesiva. Del mismo modo que los padres aman a sus hijos y deben buscar el equilibrio necesario para que ese cariño no se convierta en un obstáculo a la verdadera educación, nosotros estamos obligados a otro tanto.

La inevitable dimensión afectiva de la educación no está reñida con la rectitud necesaria en la exigencia de los adecuados comportamientos personales y sociales, la observación de costumbres saludables, el correcto trato con los otros, etc.

La administración de afecto no implica dejadez en el cumplimiento de las funciones de guía y de orientador de valores que debe cumplir todo educador, y nada en las presentes líneas debe inducir a tal error.

Nosotros no somos "amigos" de nuestros alumnos, ni somos sus "colegas", por mucho que en determinados ambientes oigamos hablar así. Somos personas adultas, responsables y profesionales. Esa función profesional puede llevarse a cabo con mucho amor, eso sí, pero no confundamos los papeles que nos corresponde jugar a cada uno. No creo que nadie ponga en duda el amor de los padres por sus pequeños, y no por ello son sus "colegas".

En todo caso, había hablado de dos condiciones/obligaciones imprescindibles, de entre las muchas que podríamos destacar, sin las cuales el ejercicio docente resulta moralmente inaceptable, y me estoy extendiendo en exceso en la primera; dado el volumen que pretendo para estas páginas, seguiré avanzando y retomaremos algunos aspectos, pues, en educación, a la postre, veremos que todo resulta entremezclado, y una variable influye en otras y, a su vez, se encuentra influida por ellas, hasta el punto de no poder desentrañarlas, de hacerse inseparables, tal es la naturaleza apasionante de este reto que es la educación.

La segunda no es otra que la de proporcionar a los alumnos —a todos y a cada uno de los alumnos y alumnas— verdaderas oportunidades de aprendizaje.

Esta cuestión podría parecer una obviedad, pero en la práctica, lamentablemente, dista mucho de serlo. Muchas veces ocurre que un número considerable de chicos, por circunstancias diversas, asisten a clase sin tener la más mínima opción para acceder a ningún tipo de aprendizaje: alumnos con desfase curricular, que quedan descolgados del grupo; inmigrantes con desconocimiento de la lengua, recién incorporados a la escuela española; niños con diferente ritmo o estilo de aprendizaje; alumnado que presenta algún tipo de discapacidad, etc.

El caso es que con frecuencia asistimos al lamentable espectáculo del docente que acepta con resignación que alguno de sus alumnos se haya descolgado definitivamente del resto del grupo y que su situación resulta irrecuperable...

En estas situaciones el docente suele justificarse argumentando: la obligatoriedad y la urgencia del programa; la necesidad de atender a otra parte del alumnado que avanza más rápidamente y requiere su atención; la imposibilidad de atender, en un mismo grupo, niveles muy dispares de competencia curricular, con los pocos medios y recursos que la escuela nos proporciona; que ciertas dificultades de algunos alumnos tienen su origen en circunstancias familiares, sociales, etc., que no son competencia de la escuela...

Quien se expresa de este modo no es sino indigno de regentar un aula repleta de niñas y de niños, ni merece la confianza que sus padres depositan en la escuela cuando dejan en ella a sus pequeños.

¿Que es difícil atender a diferentes niveles de competencia curricular en un aula?

¿Que la escuela carece de los apoyos y los recursos que serían deseables para trabajar en condiciones más ventajosas?

¿Que el profesorado no se siente respaldado por los sucesivos gobiernos con competencia en materia educativa, ni por los medios de comunicación, ni por la sociedad en su conjunto?...

...Pero ¿quién dijo que esto era fácil?

Es que resulta que ser un buen maestro es muy difícil. Precisamente por eso se necesita a los mejores individuos y a los mejor formados.

Y no está mal reivindicar social, política, económica y sindicalmente todas las mejoras que nos parezcan oportunas para que las condiciones de trabajo se optimicen en la medida de lo posible, no está mal dignificar la profesión en la medida de la responsabilidad que se nos exige; pero, mientras todo esto se consigue, no podemos desatender nuestra obligación ineludible de amar a nuestros alumnos apasionadamente y proporcionarles ocasiones de aprender, de crecer, de volar, de ser libres, de hacerse libres, de conquistar la libertad...

La libertad, como yo la entiendo, no se la regalan a nadie, ni siquiera en estas sociedades modernas, presuntamente democráticas... y quiero pensar que, no la escuela como institución (no soy tan ingenuo), pero sí el maestro, como educador, puede ayudar a formar ciudadanos libres.

¿Qué clase de miserable permanece impasible ante su propia incapacidad cuando un niño carece de una tarea que llevarse a la curiosidad, al entendimiento? Pero una tarea posible, de la que sea capaz, a la altura de sus posibilidades.

¿Qué clase de ser estrafalario despojado de toda sensibilidad se resigna ante un niño que ha perdido la sonrisa, el brillo en la mirada?

Reconociendo que es difícil, y que nuestra labor se encuentra llena de adversidades de todo tipo, debemos entender que no estamos asistiendo a los peores tiempos para el trabajo docente, por mucho que en los últimos años se estén perdiendo buena parte de los logros esenciales que habían sido conquistados a la Administración —que nunca regala nada— desde los años ochenta, y asistimos a recortes sistemáticos en las políticas sociales (entre ellas, la educación), y se desmantelan estructuras educativas eficaces y eficientes, cuya construcción costó mucho esfuerzo, muchos años... el trabajo prolongado y comprometido de muchas personas... y que, ahora, cualquier "diputadillo de ocasión" puede echar a rodar acaso para siempre.

¡Que país tan grande sería España si nuestros políticos de turno fueran conscientes de lo poco que cuesta destruir lo que tardó tantos años en edificarse!

LAS COSAS CAMBIAN

A pesar de todo eso, si miramos a largo plazo, las cosas han cambiado y, desde luego, han cambiado para mejor.

Cuando yo obtuve mi primera plaza en la enseñanza pública, quiero creer que no hace ninguna eternidad de ello, se trataba del año 1980... —antesdeayer—, empecé a trabajar, en la zona sur de Madrid en la llamada "Tercera Etapa" de EGB, con alumnos y alumnas de 12-14 años, que con las repeticiones permitidas se convertían en 16. El límite recomendado por aula era de 40 alumnos... yo nunca tuve menos de 45 en cada clase, y así una sesión tras otra... sin una sola hora libre, sin un apoyo, sin especialista en Audición y Lenguaje (en adelante, AL), sin profesor de Pedagogía Terapéutica (en adelante, PT), sin Departamento de Orientación, sin especialistas en Música, en Tecnología, en..., el único apoyo tecnológico era una tiza, y tu voz...

(Y tu entusiasmo, y tu entrega, y tu creatividad, y tus ganas de comerte el mundo, y de transformarlo... porque en aquel entonces, como les sucede a los verdaderos jóvenes de cada época, nosotros habíamos descubierto que era posible comernos el mundo y transformarlo, y que debíamos transmitir ese entusiasmo a los demás.)

¿Cuándo dejamos de creer en esa posibilidad?... eso ya no lo sé. Cuando eso ocurrió... yo ya estaba demasiado metido en mi clase, ocupado en mis alumnos... y no me enteré.

En el cinturón de las grandes ciudades —yo conozco Madrid, y no creo que sea una excepción—, la población se multiplicaba de un mes para otro. Es verdad que la inmigración de entonces era "interior", las familias procedían de Castilla-La Mancha, de Extremadura, de Andalucía... pero el desarraigo era el mismo, la sensación de pérdida, de aventurarse al futuro, de indefensión... lo que ahora llaman los nuevos profetas el "Síndrome de Ulises"[2]... ¿Y quién se acuerda de Penélope en estos tiempos de discriminación positiva?, me pregunto yo.

¿Quién se atreve a ponerle límites al desarraigo de quien deja su tierra?

Muchos maestros rurales regentaban "escuelas unitarias" en las que atendían a toda la población escolar del pueblo (3-4 años hasta los 15-16), sin apoyo ni ayuda alguna atendían a todos los niños y las niñas de la población —y de las aldeas circundantes—, sin discriminación de edad, ni de conocimientos (ahora decimos de competencia curricular), ni de ritmo de aprendizaje, procedencias, color de piel...

...Pero ¿vamos a hablar de dificultades los maestros de ahora?...

---

2. Se conoce como "Síndrome de Ulises" el duelo que experimenta la persona que tiene que abandonar su tierra, su familia... su vida, para aventurarse en otro lugar. Con frecuencia se habla de él asociado a la inmigración. Los individuos carecen de todas las referencias vitales y personales que les resultan cercanas y tienen que adaptarse, a veces con enorme dificultad, a una situación en la que además de la ausencia de trabajo, amigos, etc., se enfrentan a la añoranza de la distancia y la separación.

Hoy en día, en esa misma zona, la mayoría de las clases no superan los 23-25 alumnos, los centros gozan de modernos medios tecnológicos y de unos apoyos que, si bien no resultan suficientes en términos de lo que sería deseable, se sitúan a años-luz de la situación pasada no hace tanto tiempo.

No. No podemos abandonar la reivindicación que nos corresponde como trabajadores, ni pensar en males pasados puede justificar en modo alguno las carencias del momento actual. No sería justo, por conservador e inmovilista, declararnos resignados pensando en que hubo épocas peores... Reivindiquemos las condiciones de trabajo idóneas pero, como docentes, la problemática es otra.

Hoy en día todo el mundo sabe que la estructura de aula basada en el modelo de maestro que explica para todos, y alumnos que aprenden a la vez, no sólo es que esté obsoleta, es que en realidad no funcionó nunca. Se mantenía mientras se culpabilizaba al alumno que se separaba del grupo y se le expulsaba de un sistema educativo segregador y elitista, en el que se asumía con naturalidad que una buena parte de la población "no servía para estudiar" y no llegaría más allá de "los estudios primarios".

En los albores del siglo XXI las cosas han cambiado, afortunadamente, y nuestro sistema educativo se basa en los principios de atención a la diversidad y de igualdad de oportunidades, por mucho que nos cueste a los maestros aceptar que es necesario, no un cambio, sino una auténtica revolución en las formas de organizar nuestras aulas y nuestros centros, en nuestras propuestas didácticas y metodológicas, en los sistemas de evaluación... Se necesita un nuevo estilo docente para una nueva escuela, porque lo exige la sociedad de nuestros días. Esa sociedad que cambia vertiginosamente y que sigue dando cobijo a una escuela anquilosada en el pasado. Necesitamos un nuevo estilo docente competente, entusiasta y sensible, una escuela transformada y transformadora.

Con frecuencia nos amparamos en ridículas excusas para justificar la desatención en la que dejamos a determinados alumnos y alumnas con dificultades de aprendizaje: *nuestra obligatoriedad de agotar el programa, de no rebajar los contenidos para que no disminuya el nivel de competencia del alumnado, de no retrasar a los que avanzan más rápidamente...*

Por supuesto que no podemos desatender a los que avanzan más rápidamente ni retrasar su ritmo, pero eso no nos legitima para dejar a su suerte a los más desfavorecidos. Atender a la diversidad consiste en proporcionar oportunidades de aprender según sus necesidades y sus capacidades, teniendo en cuenta sus características diferenciales, a todos y cada uno de los miembros de nuestro grupo, con idéntica dedicación, con el mismo celo y, por supuesto, con el mismo cariño.

Diré, sin demasiado temor a equivocarme, que los alumnos mejor dotados para el estudio no representarán un grave problema en este sentido, nuestra labor con ellos consistirá en guiar, conducir, orientar... y saber apartarnos discretamente para no entorpecer su aprendizaje, la construcción creativa y diferenciada de su propio aprendizaje que son capaces de realizar muchos de ellos. Con frecuencia se dice que esos alumnos aprenden solos, y no es verdad, pero el papel que van a requerir de nosotros va a ser mucho menos "directivo", mucho menos "instructor"; los otros, por el contrario, van a necesitar nuestras explicaciones frecuentes, instrucciones precisas en la realización de las tareas y se mostrarán siempre dependientes de nuestra aprobación.

Y es tarea del maestro —a mí me gusta pensar en el equipo docente— atender debidamente a unos y a otros, así como a la infinita variedad que se situarán a medio camino...

Prácticamente todas las personas tienen capacidad para aprender cosas, unos más que otros y de diferentes modos, a diferentes ritmos, con motivaciones distintas... Ya Pestalozzi decía que *son muy escasas las mentes que había encontrado completamente incapacitadas para todo aprendizaje...* y es verdad, tendríamos que pensar en casos de discapacidad extrema, la mayoría de las personas tienen determinadas capacidades para aprender y pueden hacerlo durante toda la vida, y nuestra principal función es la de favorecer esa capacidad, no la de poner en evidencia las carencias. La infancia es una etapa especialmente apta para aprender, por razones obvias... No tenemos derecho alguno a desaprovecharla.

¡QUÉ RAROS SON LOS NIÑOS!

¿Por qué razón no aprende un niño cuando en muchas otras facetas de su vida y de su desarrollo se desenvuelve con total normalidad?

Si fuésemos capaces de responder a esa pregunta, la escuela sería el paraíso para todos, pero no es así.

No obstante, debemos exigirnos que, por lo menos, nos aseguremos de indagar —e intervenir— en todas las posibles causas que puedan tener su origen en la escuela; después, el número de variables que pueden estar influyendo es siempre imprevisible, y la posible y compleja red de interconexiones entre ellas será siempre un elemento potenciador de las dificultades, tan difícil resulta el diagnóstico.

Incluso aquellas variables que se originan en la escuela se interrelacionan entre sí, las relaciones humanas son enormemente complejas y el centro educativo es el escenario de una riquísima y viva representación en el que cada actor, cada actriz, representa no un papel, sino varios —en ocasiones muchos—, en función de los diferentes interlocutores con los que interactúa.

Esas relaciones interpersonales tienen una importancia determinante en muchos casos y resultan así para muchos individuos.

Con todo, enseñar a nuestro alumnado muchos o pocos conocimientos, siendo importante, no es lo principal, ni mucho menos. No diré una palabra que permita interpretar que desprecio los contenidos curriculares de las diferentes áreas de conocimiento, pero afirmo que por encima de nuestra faceta de "enseñantes" está nuestra labor como educadores.

La tarea de enseñar, a pesar de las dificultades que venimos señalando, resulta relativamente sencilla, la cuestión se simplifica hasta quedar reducida a una relación simple entre tres partes: el alumnado, el profesorado y la materia.

La constancia, la repetición, el desarrollo de ciertas adecuadas habilidades docentes pueden dar aceptables resultados, por sí solos, a este respecto. Todo se reduce a una cuestión de entrenamiento, de estrategia...

Yo he conocido a varios profesionales, a lo largo de mi trayectoria docente, que habían desarrollado estrategias de enseñanza (entrenamiento) altamente eficaces. Todos hemos visto cómo se obtienen altos rendimientos en las Olimpiadas cuando se somete a los individuos de un determinado país a un entrenamiento intensivo (a veces cruel), desde la más tierna infancia, y se ignoran todas las demás necesidades del desarrollo del individuo.

Todos los conductistas que en el mundo ha habido, y sigue habiendo, han utilizado fielmente la máxima: "Dadme un niño sano y decidme qué queréis que haga de él"...

Tal es el poder del entrenamiento, de la instrucción, del adoctrinamiento, intelectual, físico, moral, etc.

Pero no, la cosa es mucho más compleja.

Nuestro cometido no es enseñar —que, insisto, también— sino educar, concepto infinitamente más amplio que el primero y que incluye a aquél. Y eso no nos permite reducirlo todo a tres variables, sino que nos obliga a contemplar el panorama enormemente complejo del individuo en todas sus dimensiones, en todas sus facetas, en todos sus ámbitos, en todas sus manifestaciones...

¡Ahora, chaval, chavala, ahora! ¡No pierdas tiempo, es el momento adecuado para abandonar la carrera! Aún estás en condiciones de estudiar, de dedicarte a otra cosa:

- *Informática, que tiene más salidas...*
- *Empresariales, donde las salidas son más seguras y mejor remuneradas...*
- *Puedes casarte con un buen partido y no tendrás problemas de remuneración...*
- *Puedes dedicarte a la política... para eso, por los ejemplos que tenemos, sí sirve cualquiera.*

Pero si no estás dispuesto a asumir el reto de ser un verdadero educador, por favor, no te dediques a esto... Es mentira que esto puede hacerlo todo el mundo. Los centros educativos están repletos de malos educadores, de falsas educadoras que desprestigian esta noble profesión argumentando que su obligación es el programa, es la materia, que no son "asistentes sociales", que educar corresponde a la familia, que en estos tiempos que corren...

De malos "enseñantes", incluso, que terminaron en la escuela por razones a las que ya he aludido anteriormente:
- *Se dejaron llevar por su madre (como es el caso).*
- *No obtuvieron nota suficiente en selectividad para otra carrera más valorada.*
- *Terminaron otra carrera, pero ofrecía escasas salidas profesionales.*
- *El hambre es muy mala cosa, en definitiva, y de algo hay que trabajar (comer), le pese a quien le pese.*

Voy a volver a simplificar, sin duda, pero no tengo mucha posibilidad (ni ganas) de extenderme más allá de lo necesario, por lo que resumiré que a todo profesor, de cualquier etapa educativa, pero sobre todo si se trata de etapas obligatorias, se le deben exigir tres cualidades:

- *Suficiencia científica.*
- *Preparación pedagógica.*
- *Cercanía emocional.*

No voy a emplear una sola línea en referirme a ningún tipo de consideración, ni de explicación de cada una de estas imprescindibles cualidades. Si alguien no entiende el significado o la implicación de alguna de ellas, haría bien en abandonar estas páginas.

Lo cierto es que las tres resultan imprescindibles por igual, y aconsejo al lector que se resista a la tentación de establecer prioridades que no nos llevarían a ningún lado.

No creo que se le escape a nadie a estas alturas que ser experto en una materia no nos hace acreedores de la mínima habilidad para transmitirla, como que no se puede transmitir el conocimiento que no poseemos por muchas habilidades docentes que hayamos adquirido, desarrollado o nos resulten innatas.

Pues bien, ni siquiera ambas circunstancias juntas —conocimiento de la materia y preparación pedagógica— serán suficientes si nos falta la cercanía necesaria, la sensibilidad que humaniza la escuela y la hace próxima, cálida...

Es esta última cualidad la que transforma la fría institución educativa en un acogedor entorno de crecimiento y de desarrollo personal y social. Es precisamente esa dimensión del trabajo docente la que marca la diferencia entre una academia y una escuela.

> Hace no mucho tiempo, en la obra Quitando cárcel a la escuela[3], acuñé el término "escuela estética", con el que me refería a ese clima favorecedor del individuo como persona y como elemento social que crece al relacionarse con los demás, que le permite todas las posibles formas de expresión y de experimentación, y que guía su crecimiento y su desarrollo guiando al individuo en un clima de libertad y de confianza, de seguridad y de autonomía...

El profesor Salazar, maestro y amigo, compañero de publicaciones y de investigación durante muchos años, ahora jubilado para su solaz y nuestra añoranza, solía decir que *los niños crecen cuando gozan y gozan cuando crecen*.

> El principal objeto de la educación, como el de toda disciplina moral, es engendrar felicidad.
>
> M. W. Godwing

El verdadero fracaso escolar no se mide por el número de alumnos que dejan de promocionar de un curso a otro, de una etapa a la siguiente, sino por el gesto de los niños a la entrada o la salida de la escuela.

Cuando un niño arrastra tras de sí toda una larga y dilatada historia de reprobación año tras año, de malos resultados escolares y de escasa o nula confianza en sí mismo y en sus posibilidades de éxito, es la escuela quien está fracasando de un modo estrepitoso, porque está dejando de cumplir el más alto objetivo para el que está concebida.

¿Cómo es posible, como ocurre en muchas ocasiones, que una institución cuya función principal es procurar la educación

---

3. Pumares, L. y Salazar, J. (2007): *Quitando cárcel a la escuela*, Madrid, Ed. CEP.

de los pequeños y favorecer su aprendizaje —esto es, guiar, orientar, ofrecer herramientas, mostrar caminos... todo tareas positivas para los escolares— sea percibida por un alto porcentaje de ellos como el lugar más hostil de cuantos frecuentan en sus aún cortas vidas?

Una escuela en la que los individuos más capaces, los mejor dotados, los más aventajados triunfan y los demás fracasan hasta el punto de ser apartados, no sirve para nada, eso ya lo hacen la sociedad y la vida.

El verdadero fundamento de la escuela sólo se legitima en la medida en que es capaz de proporcionar verdaderas oportunidades también a los más desfavorecidos, sin desatender al alumnado más capaz, por supuesto, pero sin cerrar puertas a quien más ayuda necesita.

Del modo que la cirugía o la óptica corrigen las dificultades de quien padece un tumor o una carencia visual, que en condiciones naturales estaría condenado a una deficiente calidad de vida o incluso a la muerte, y mediante una intervención quirúrgica o la prescripción de la adecuada lente le permite igualar sus posibilidades de desarrollo a las del resto de los ciudadanos, la escuela debe, en la medida de lo posible, optimizar la potencialidad de cada individuo para sacar lo mejor de sí y alcanzar el máximo nivel de desarrollo intelectual, personal, social... que resulte posible.

Concebir la educación, disponer el Sistema Educativo y, en definitiva, el currículo, como una carrera de obstáculos para cribar a los ciudadanos, clasificarlos y seleccionar a "los mejores" supone una perversión que aparta a la escuela de sus funciones morales, éticas y estéticas. Esa función finalista de clasificación para la vida laboral la harán el Bachillerato y la Universidad, cuyo análisis no es objeto de estas páginas, pero no la escuela primaria, ni en general la educación general obligatoria que, por definición, está concebida para atender a todos los ciudadanos sin excepción garantizando el principio de igualdad de oportunidades y proporcionando las máximas posibilidades de desarrollo individual y social en todos los casos.

UNA REIVINDICACIÓN BÁSICA

En todo caso, no creo ser demasiado vehemente si expreso que las condiciones a las que me he referido en las páginas anteriores nos corresponde crearlas a nosotros, a los maestros. En definitiva somos nosotros quienes intervenimos en el aula y somos los únicos que podemos cambiar, de forma paulatina, pero constante, las prácticas educativas y las relaciones que se establecen en los centros.

No es posible investigar en educación si no es desde el aula. Todo lo demás es pura especulación, como nadar en terreno seco…

¿Cuántos teóricos de la educación hemos encontrado a nuestro paso que no habían pisado nunca un aula de un centro educativo? ¿Cuántos que postulan sin haber vivido aquello acerca de lo que teorizan? Que no conocen un niño, que no se han debatido nunca en la rutina de funcionamiento de un centro…

Sí, tenemos que ser nosotros y sólo nosotros, y sólo a partir de esa experiencia práctica se puede construir un corpus teórico coherente y contrastado.

La teoría es la práctica de los impotentes.

El juego del ángel, Carlos Ruiz Zafón

Se puede cambiar por decreto una Ley Orgánica y hacerla entrar en vigor de un día para otro, pero no se puede cambiar por ley la práctica de un maestro con varios sexenios de docencia a sus espaldas. El mismo día que la ley haya entrado en vigor, esa misma mañana, el profesional que acude a su aula será el mismo que la abandonó la tarde anterior, hará las mismas cosas y se empleará en idénticas rutinas, continuará la lección que quedó interrumpida o retomará los ejercicios pendientes…

Y sin embargo, además de la obligación moral que, como profesionales, tenemos de servir a los intereses de nuestro alumnado, cabe hacer un análisis más, un análisis crítico que cuestiona todo el andamiaje de las políticas sociales de estos gobiernos nuestros, presuntamente democráticos: los ciudadanos tienen derecho al mejor educador disponible en este Estado de Derecho, en este libre mercado sujeto a la ley de la oferta y la demanda.

Claro, del mismo modo que cuando acudimos a la carnicería exigimos la mejor calidad en el producto que nos ofrecen, porque la pagamos a buen precio; al igual que hacemos valer el certificado de garantía de un electrodoméstico porque lo compramos con la condición de esa cobertura... debemos exigir el mejor profesional de la educación que sea posible, porque lo estamos pagando, y lo pagamos con costes nada despreciables...

Evidentemente, los servicios sociales que ofrece el país, el territorio autonómico o quien quiera que sea el estamento que nos gobierna, no son gratuitos. Si argumentásemos en términos neoliberales diríamos que somos consumidores de un producto, de un servicio, y como tales consumidores que pagamos un alto precio por el "suministro educativo", como quien habla del recibo de la luz, tenemos derecho a exigir un servicio de calidad.

La escuela pública, esa prestación social que los gobiernos nos venden como gratuita, la pagamos entre todos, y la pagamos muy cara.

Renuncio a entrar en la consideración del precio que pagan los "usuarios" de la escuela concertada, y aun de la privada.

El día que caigamos en esa cuenta, simple y sencilla aritmética intelectual que se desprende de la consideración de los descuentos que aparecen en la nómina de todos los trabajadores del país, descubriremos *de quién tendría que ser la escuela*.

EL ÉXITO Y EL FRACASO

¿Qué supone tener éxito en la escuela? ¿Quién o quiénes son los que fracasan?

Nos han acostumbrado tanto a pensar que los pequeños deben estar permanentemente rindiendo cuentas de su "aprovechamiento académico" desde su incorporación a la Educación

Infantil que muy poca gente cuestiona o condena la tan extendida cultura del examen. De modo que la mayoría de los pequeños estudiantes se ven sometidos a una continua exigencia de demostrar capacidad a lo largo de toda su escolarización.

Pocos planteamientos han llegado a obtener ese nivel de aceptación general siendo tan desnaturalizados y tan desnaturalizadores de la función a la que sirven.

Los últimos pseudoestudios comparativos internacionales (Informes Pisa, en sus ya varias ediciones) parecen conceder definitiva carta de naturaleza al discurso de quienes así entienden la educación y la función de la escuela bajo lemas grandilocuentes como "Educar para la vida".

Educar para la vida, hermoso y bello concepto; debería ser, en todo caso, educar a cada persona para "su vida", individual y en relación con los otros. Esto es, procurar el máximo nivel de realización de su potencialidad en todos los aspectos personales y sociales, específicamente humanos.

Por el contrario, el examen, el número, la medida... el informe llegado de la bella Pisa, o de cualquier otra ciudad, no responde más que a un planteamiento de la escuela concebida como centro de instrucción para la capacitación del individuo, para la selección profesional y para la clasificación de las personas.

Pero, aun fingiendo prestarle a esos pretendidos y pretenciosos estudios el respeto que no me merecen, plantearé algunas cuestiones básicas. A la vista de los resultados de los informes, ¿cabe pensar que los ciudadanos de un determinado país sean más inteligentes, más capaces, más dotados que los de otro, por pura calidad genética? Evidentemente, no creo que nadie haya pensado tamaño disparate.

Tendremos que admitir, entonces, que la información que, en todo caso, se desprende de ellos se refiere a la supuesta eficacia de los diferentes sistemas educativos, de las instituciones educativas de cada uno de los países... y en último extremo a la capacidad de los profesionales que los ponen en práctica, no a los estudiantes.

Si nos centramos en un nivel práctico y jugamos a imaginar el funcionamiento de una clase cualquiera, en cualquier nivel de una etapa obligatoria, en España, por ejemplo, resulta paradójico pensar que es el profesorado el que decide qué enseñar, cómo y cuándo, con qué metodología y en el seno de una determinada organización escolar, define objetivos, selecciona contenidos, escoge actividades y propone tareas, supervisa, pregunta, examina... y al final, si el resultado no es el apetecido, culpa de ellos al estudiante, es decir a aquel que no tuvo oportunidad para decidir nada. ¿Cabe mayor desfachatez? La educación se convierte en "ensañanza".

¿Cuándo vamos a acostumbrarnos a evaluar los sistemas y no a los individuos? ¿Cuándo vamos a empezar a cuestionar la institución y no a las personas? ¿Cuándo vamos a entender que gran parte del fracaso está en el maestro —y en el sistema, que lo amordaza en muchos casos—, no en el alumno? Esto es: ¿cuándo vamos a admitir que para esto no sirve cualquiera?

Hace algunos cursos, siendo yo asesor de formación del profesorado en la Red Pública de Formación de la Comunidad de Madrid, visitaba un centro de Infantil y Primaria y me encontraba en el despacho de dirección, en compañía del director del centro, cuando irrumpió una maestra con claros signos de alteración y de impotencia:

—Está claro que hoy no puedo con ellos —decía, refiriéndose claramente a los alumnos de su clase, mientras se mesaba ostensiblemente los cabellos—. Hoy me superan por arriba y por debajo. No soy capaz. No los soporto.

El director me miró, supongo que esperando mi reacción ante aquella entrada imprevista y ambos nos apresuramos al intento de serenar a la compañera con palabras de comprensión y de consuelo.

Yo hice más, y tomé la iniciativa para felicitar a la desconsolada maestra por su actitud y su juicio crítico —autocrítico—.

Ante una situación semejante, lo tristemente frecuente es encontrar a la maestra quejándose de cómo son los alumnos, lo irresponsables, indisciplinados, traviesos, ruidosos... ¡qué sé yo cuántas cosas más!... Pero la causa y la culpa estará siempre en ellos, quedando la actuación del profesional libre de toda responsabilidad.

Nuestra amiga maestra, no. Ella se achacaba la incapacidad para "aguantarlos" y precisaba que esa situación se daba hoy. Era ella quien juzgaba no estar a la altura, no encontrar el aplomo, la paciencia, la habilidad o el modo para ejercer el control del aula que normalmente ejercía.

¡Bravo por la maestra! Una maestra así querríamos para nuestros hijos, con toda seguridad, todos y cada uno de nosotros.

Yo aprendí una lección cuyo contenido acaso sólo intuía entonces y desde aquel momento no he olvidado nunca aquel hermoso episodio.

Serán, pues, la escuela y, en su caso, los maestros quienes tengan que pasar el juicio del éxito o el fracaso. Son las instituciones y los sistemas los que están fracasando en el caso de muchos escolares, cuyas cifras y porcentajes nos alarman cuando los medios de comunicación se hacen eco, periódicamente, de los datos. Se impone una revisión crítica del trabajo docente y de la función que una sociedad moderna, democrática e igualitaria espera de la escuela.

El sentido autocrítico que debe mostrar el maestro, la reflexión y el permanente análisis de su práctica, debe llevarle hasta la individualización. Es decir, hasta considerar a todos y cada uno de sus alumnos de forma particular y plantearse en qué medida está llegando a él, de qué forma está dando respuesta a sus necesidades individuales, qué necesita ese alumno concreto, por encima de la intervención global que se está teniendo con el grupo y del avance colectivo que se está obteniendo.

El mejor maestro, aquel que alcanza a "conectar" con el 99 por ciento de su alumnado, que resulta eficaz, ¿debe "preocuparse" porque haya uno sólo al que "no llega"?, aquel alumno que parece no interesarse nunca por las tareas, al que no encuentra el modo de motivar... ¡Claro!... Estará realizando una magnífica labor con la inmensa mayoría de sus alumnos, pero a aquel al que no llega no le sirve de nada. La experiencia personal de ese alumno concreto será igual de frustrante y de inútil. A ese alumno no le sirve de nada el éxito alcanzado con todos los demás y vivirá su experiencia escolar como un perfecto fracaso, independientemente del recorrido y de la vivencia que estén experimentando todos sus compañeros.

No, desde luego no tenemos varitas mágicas, ni podemos pretender ser infalibles. Sólo digo que es necesario revisar nuestra práctica docente en todos los casos y que no podemos resignarnos a perder un solo alumno amparados en el consuelo del conformismo y de los resultados generales. La estadística no sirve para paliar los casos particulares y es nuestra obligación sacar lo mejor de nosotros mismos para intentar no dejar por el camino a ningún alumno, tenemos la exigencia moral y profesional de buscar todas las formas posibles, todas las estrategias, vaciarnos en todos los intentos que resulten necesarios para encontrar el modo de ser el maestro que cada alumno nos reclama, el más adecuado a sus necesidades, a sus posibilidades y a su situación particular.

Ningún niño ha elegido ser como es, y así tenemos que aceptarlo. No tenemos derecho a culpabilizar al individuo, o abandonarlo a su suerte por tener la situación personal, familiar o social en que se encuentra. Nuestra tarea es intervenir desde aquel lugar en que el alumno se encuentra, atender sus necesidades en todo momento, sin lugar para el desánimo.

Hoy en día no podemos plantearnos qué dificultades tiene un alumno. No es importante el diagnóstico por el mero hecho de ponerle nombre a la discapacidad o a las carencias, lo que importa es qué respuesta educativa puede aportar la escuela al problema concreto de un alumno determinado.

Sé que se trata de un reto formidable, exigente hasta poder llegar a abrumarnos, pero somos nosotros, con la ayuda de los demás profesionales que trabajan en el centro educativo, los únicos que podemos intervenir en el intento de buscar soluciones satisfactorias para las personas. Es la dimensión moral de este trabajo apasionante.

En realidad, los casos de aquellos alumnos que presentan dificultades son los que, en mayor medida, justifican la intervención del profesional comprometido y competente. *No llamamos al fontanero cuando las cañerías funcionan bien, ni acudimos al médico cuando estamos sanos.*

Y del mismo modo que el verdadero profesional de la medicina hará lo imposible por salvar cada caso, nosotros debemos agotar todas las posibilidades para encontrar el mejor modo de acceder a las necesidades de nuestros pequeños.

A veces el paciente fallece, es verdad, pero sólo cuando hemos exprimido todas las posibilidades de nuestra inteligencia, de nuestra creatividad, de nuestra imaginación en el empeño de salvarle. Y, aun entonces, nos debe quedar el amargo gusto del desasosiego por nuestra incapacidad y acumular la experiencia para futuras ocasiones.

La escuela no es un lugar para resaltar las carencias de sus miembros, sino de aportar respuestas, propuestas, soluciones, abrir vías, ofrecer alternativas y oportunidades. Es un espacio de crecimiento y de establecimiento de relaciones, no de soledad y de culpa.

LA SOLEDAD DEL CORREDOR DE FONDO

Hasta este momento, casi permanentemente, he hecho uso del singular en la redacción de estas páginas. Me he referido frecuentemente "al maestro", "la maestra", "el educador", tomados de uno en uno, individualmente, para destacar las exigencias y funciones inherentes al desempeño de la profesión docente. Requerimientos indisolubles con la propia esencia de este trabajo nuestro y en los que cobra todo su sentido, mucho más allá del cumplimiento de una función técnica.

Me apresuraré a cambiar "el número" empleado en el discurso por no inducir a errores, pues la realidad de los centros educativos, en una sociedad moderna, plural, multicultural y globalizada, exige el uso del plural, es decir, del trabajo en equipo frente al educador solitario, del equipo docente frente al maestro aislado, por razones obvias que analizaré con un poco más de detenimiento.

El saber popular ya apunta al individualismo docente: "Cada maestrillo tiene su librillo" y otros refranes por el estilo se hacen eco de la tradicional consideración del maestro como único referente de la educación formal de los jóvenes, pero la realidad, hoy en día, es muy otra.

Parece razonable ese antiguo concepto del trabajo docente en solitario si pensamos en la figura tradicional del maestro en el medio rural, titular de su escuela unitaria y con toda la escasa chiquillería del pueblo a su cargo, sin distinción de edades, sexos, capacidades, ritmos, etc.

Parece lógico pensar así si no nos hemos movido de la imagen del maestro que jugaba la partida con el alcalde y el cura, el que formaba parte del triunvirato fáctico del pueblo.

Pero la sociedad actual dista mucho de aquella que recuerdan nuestros mayores y retrataban las películas de postguerra.

Ni siquiera en los ámbitos rurales más apartados quedan vestigios de aquel ejercicio docente solitario y aislado.

Hoy en día no se concibe ningún campo profesional en el que no resulte imprescindible el trabajo de equipo, la aportación de diferentes profesionales y de distintos enfoques o puntos de vista. Ocurre en la medicina, en el comercio, en la publicidad, en la empresa, en la abogacía, en el mundo de las finanzas... y la escuela no podía quedar exenta de esa necesidad.

Este trabajo compartido se ejerce, además, en dos niveles distintos de colaboración:

- El que llamaré equipo homogéneo: me refiero aquí al profesorado que realiza una labor similar, tutores de sus respectivos grupos que programan y evalúan en común, que comparten experiencias e inquietudes, que encuentran dificultades semejantes y que se consultan frecuente y asiduamente y ponen sus dudas y toman sus decisiones en común.
  Los equipos docentes de nivel, de ciclo o de etapa proporcionan una cobertura, normalizada y normativizada, a esa necesidad de coordinación entre el profesorado. La propia legislación actual no sólo posibilita, sino que exige al profesorado esa concepción del trabajo docente, siendo prescriptivo que todos los centros dispongan los

horarios de trabajo de sus miembros contemplando los lugares y los tiempos en los que estas reuniones habrán de celebrarse.

- El que, por pura necesidad descriptiva, llamaré heterogéneo: formado por profesionales de distinto perfil, bien sean propios o ajenos a la plantilla del centro. Maestros, educadores, orientadores, pedagogos, psicólogos, especialistas en Pedagogía Terapéutica (PT), en Audición y Lenguaje (AL), asistentes sociales, trabajadores sociales y Profesores Técnicos de Servicios a la Comunidad (PTSC), equipos multiprofesionales, Equipos de Orientación Educativa y Profesional (EOEP) y Equipos de Atención Temparana (EAT), fisioterapeutas, etc.

Dada la complejidad de la realidad escolar, la pluralidad y diversidad del alumnado, no podemos dejar de contemplar la necesidad de la especialización y de la multiangulación. Esto es, el concurso de diferentes profesionales con una formación específica, para atender a situaciones complejas, y la posibilidad de enfocar la realidad educativa desde distintos puntos de vista, complementarios y enriquecedores, que nos aporten la más completa comprensión posible de la realidad que se presenta ante nuestros ojos.

Ambos grupos, homogéneo y heterogéneo, se relacionan por separado y entre sí, y lo hacen, además, a dos niveles distintos: un nivel formal, el que proporcionan las estructuras y la organización del centro, con mensajes públicos y explícitos, con contenido prefijado y conocido previamente, y con la participación de todos sus integrantes. Las salas de reuniones, los despachos y los seminarios de trabajo son el espacio en el que este nivel de relación suele darse; y otro informal, que se produce de forma espontánea y tiene lugar en momentos y en lugares indeterminados, los mensajes son selectivos e implícitos y aparecen los grupos de interés y de afinidad, por lo que el grupo original se subdivide, cambia y adopta formas diversas en función de las diferentes situaciones. La cafetería, los pasillos o cualquier otro espacio improvisado y ocasional puede ser escenario de estas reuniones. Ambos se dan en todos los centros y ambos son necesarios.

Muchas controversias educativas que se dirimen en los centros se resuelven en los ámbitos formales, tarde o temprano se llega a acuerdos y se levanta acta de los mismos, pero eso no impide el nivel confidencial de lo informal, el asesoramiento del profesional cercano, del docente experimentado, de la confianza entre personas afines...

Del equilibrio y la convivencia entre ambos niveles depende, en gran medida, la existencia de una dinámica saludable en los centros educativos.

En la medida en que la escuela es reflejo de la sociedad, compleja y cambiante, hoy tenemos una escuela profundamente diversa, cuya correcta atención no puede ser delegada en una única persona. Los equipos pedagógicos de todo tipo se postulan imprescindibles si lo que pretendemos es una verdadera intervención educativa, comprometida y crítica.

Es necesario que cada centro educativo, cada institución, presente de manera clara e inequívoca una línea pedagógica coherente, propia, resultado del debate interno y de la necesaria problematización de la enseñanza que requiere el "enfrentamiento" entre diferentes estilos de pensamiento docente. De lo contrario, el Proyecto Educativo queda reducido a "papel mojado", porque no responderá a decisiones tomadas ante la consideración de la singularidad de cada centro, ante la situación particular de su alumnado, de la composición de la plantilla docente, del número de bajas que se registran en un momento determinado, de los apoyos con los que se cuenta, de los programas en los que se participa, etc.

Cuando uno tiene la oportunidad de recorrer diferentes centros educativos, cada uno con sus circunstancias particulares, y ve modelos de organización comunes, y analiza documentos institucionales "copiados" de la misma fuente, y ve desfilar ante sus ojos estructuras repetidas, tiene la impresión de estar asistiendo a la proliferación programada de centros clónicos, independientemente de su situación geográfica, de las características de su Comunidad Educativa, de sus dificultades administrativas, de la procedencia y de la trayectoria profesional de su profesorado...

Y entonces piensas... ¿qué pueden tener en común un centro de Vallecas con uno del barrio de Salamanca?, ¿qué necesidades y situaciones pueden compartir un centro del casco antiguo de Bilbao con uno de una zona rural de Andalucía o de Extremadura?, ¿qué coincidencias cabe suponer entre un centro de una comunidad autónoma bilingüe con otro ubicado en una zona de afluencia de alumnado multiétnico o de familias en una situación marginal?...

Y, sin embargo, los requerimientos de la Administración Educativa son comunes para todos ellos y sus proyectos parecen hermanados por una suerte de conexión telepática que convierte al profesorado en un solo profesor.

Hace ya muchos años, quien esto escribe participó en un Programa de Intercambio Educativo con la Escuela Suiza.

Durante una buena cantidad de días, un nutrido grupo de profesionales españoles nos desplazamos a la Confederación Helvética, visitando todo tipo de instalaciones, instituciones y modalidades educativas correspondientes a todas las etapas (desde Educación Infantil al Gymnasium, desde la Educación Especial a la Universidad...) y ellos nos devolvieron la visita con no menos interés del que a nosotros nos había suscitado la nuestra...

Pues bien, en uno de los muchos "apartes", de las muchas conversaciones privadas —informales— que las visitas profesionales nos proporcionaban, el director cantonal de Educación de Lucerna (hermosa ciudad donde las haya) me confesaba su satisfacción por el ajuste del Sistema Educativo suizo, argumentando que un niño que cambiase de escuela a mitad de un curso, por requerimientos profesionales de sus padres o por cualquier otra circunstancia familiar o personal, podría incorporarse a su nuevo centro, incluso de otro cantón, y seguir, prácticamente, la misma lección que dejó en su anterior escuela.

Yo, todo lo cortésmente que me resultaba posible, sonreía, condescendiente con su concepción de la enseñanza y le hacía notar la distancia entre los diferentes puntos de partida.

A mí su escuela me parecía una cárcel. A él la nuestra le parecía un caos.

Insisto, pues, en que los centros educativos son instituciones al servicio de la comunidad, "de sus usuarios en términos de clientela", y como tal "servicio" debemos estar atentos a las necesidades y los requerimientos de nuestra Comunidad Educativa, que presenta sus características propias, diferenciales, exclusivas en muchos casos. Y nótese que digo de nuestra Comunidad Educativa, no sólo me refiero al alumnado. Esto requiere pensar en todos los sectores que la conforman, alumnado, profesorado, padres, madres, personal no docente y el entorno próximo en el que nos hallamos inmersos y al que, necesariamente, tenemos que estar abiertos.

La necesidad de coordinación y de cooperación entre diferentes profesionales vinculados a la educación, la vinculación a un proyecto educativo consensuado, no tienen nada que ver con limitaciones al derecho a la libertad de cátedra, ni con barreras al desarrollo de la profesionalización docente, sino con el establecimiento de una cultura democrática en los centros y con la necesidad de un currículo abierto, flexible y cambiante.

Resulta fundamental en la escuela de nuestros días que el maestro aprenda a negociar su papel y su función en el seno de la Comunidad Educativa, que se vea en la necesidad de contemplar otras concepciones de la escuela, de la educación y del currículo, que se encuentre "forzado" a revisar, a cuestionar, a relativizar democráticamente sus propias convicciones y certezas, a contrastarlas con las de los demás, a considerar reflexiva y críticamente el punto de vista de los otros...

En el ámbito de la educación, no hay nada más peligroso que aquella persona repleta de certezas... Aunque parezca mentira, ¡cuánto más nos ayudan a crecer las dudas...!

...Que aprenda a sentirse como una pieza más de un engranaje complejo en el que las demás piezas juegan una función relevante... y que el resultado del sistema dependerá de la sincronía entre las partes...

...Y las partes son muchas. Aún no hemos hecho más que empezar a mencionarlas.

EL PUDOR DEL DESNUDO

No, aún no voy a cambiar de tema. El nuevo epígrafe que acometo no significa otra cosa que un paso más en el desarrollo de las ideas que nos venían ocupando en las últimas páginas. Un paso no muy reciente, es verdad, pero es que la innovación educativa no siempre tiene que ver con lo último, sino con lo no experimentado, por mucho que la literatura pedagógica describa experiencias contrastadas que se dilatan en el tiempo.

El docente preocupado en el análisis de su práctica no dudará en la utilización de cuantos medios estén a su alcance para la observación de su quehacer en el aula. Es verdad que se puede recurrir al vídeo... a la tecnología en general. Pero los instrumentos tecnológicos resultan poco críticos, registran imágenes, sonidos, que se producen en aquellos lugares a los que están orientados, pero no perciben sensaciones, emociones, tonos diferenciales de voz... Los gestos son interpretables y lo que no registra una cámara en el encuadre que le resulta perceptible resulta muy difícil de interpretar.

No, es mucho más eficaz la observación externa.

No pocos centros describen experiencias de programas según los cuales la intervención docente de alguno de los profesores, de las profesoras, es observada dentro del aula por otro miembro del claustro. Tras cada sesión se ponen en común las percepciones del "protagonista" y del "observador", lo que da pie a un análisis crítico en el que el verdadero objeto es la actuación del profesor en pleno ejercicio en su aula, el clima que es capaz de propiciar, el tipo de control que ejerce, la reacción del alumnado, el nivel de seguimiento de las actividades propuestas, los tipos de relación que se dan entre los escolares...

Estas sesiones de observación pueden ser grabadas (siempre con cámara objetiva, de encuadre cambiante y manejada por el observador) o simplemente estar basadas en el registro de las observaciones tomadas. Pero, en todo caso, aportan una información de incalculable valor para el propio conocimiento del docente y sirven para contrastar la percepción, siempre subjetiva, de la realidad del aula con las observaciones de un "observador participante", implicado en el programa educativo...

Pero esta situación, por mucho que Elliot o Stenhouse, por ejemplo, la describieran hace más de cuarenta años, se produce con escasa frecuencia en nuestros centros.

El profesional de la educación es pudoroso por naturaleza —quiero decir, por inseguridad, como desarrollaré inmediatamente— y, como tal, celoso de la "intimidad" de su aula. Muchos maestros y maestras se sienten incómodos si otra persona adulta está observando su actividad docente.

Son muchos los docentes que se niegan a que los apoyos educativos, realizados por otro miembro del claustro, se realicen dentro del aula. Son muchos más quienes no admiten alumnado de prácticas a su cargo... todo ello por el pudor a ser observados. Por la incomodidad de que otra persona se "inmiscuya" en su forma de ejercer su práctica docente, cuestione sus procedimientos, presencie sus reacciones ante situaciones imprevistas, sea testigo de las pautas y las claves de relación que ofrece a su alumnado...

En realidad, todo se reduce a un problema de inseguridad personal y profesional[4].

Muchos docentes parecen transformarse en el momento de traspasar la puerta del aula. Abandonan las formas de la

---

4. Es verdad que, a veces, el maestro se queja de convertirse en una especie de diana a la que todo el mundo apunta. Que su trabajo se encuentra en boca de todos, que cualquiera es capaz de juzgar y de ofrecer posibles mejores formas de actuación... y es cierto, pero eso ocurre en todos los trabajos públicos: ¿no le pasa lo mismo al gobernante?, ¿no sabemos todos lo que debería haber hecho el entrenador de fútbol cuyo equipo perdió el partido?, ¿no es cierto que todos afirmamos lo que debería haber hecho el delantero centro que falló un gol? Es algo con lo que tenemos que vivir porque es inherente a la profesión. Sólo una buena acción tutorial con las familias y una fuerte dosis de autoconfianza —dentro de la mayor flexibilidad, no son términos contradictorios— pueden hacernos aceptar esa situación de forma natural.

persona que en realidad son, la que han sido hasta hace escasos momentos en la sala de profesores, para adoptar la impostura del profesional acrítico, ajeno a los problemas propios y extraños para mostrar la imagen del profesor aséptico, inmutable, inaccesible, insensible a los estímulos del mundo... la persona revestida del caparazón en el que no puede penetrar otra cosa que no sea su materia, que ha elegido cerrar los ojos a la vida que se le ofrece, al reto diario, a la asunción de su tarea, exigente, sí, pero gratificante como pocas... Y ofrecen lo peor de sí, la parte más oscura, la menos personal, la menos auténtica.

¡Pobres maestros! ¡Qué lástima de maestras! Por su propia inseguridad se pierden lo mejor de la vida. A fuerza de ensayar la impasibilidad han llegado a alcanzar la frigidez docente, la impotencia ante la excitación vivificadora del aula.

A esos maestros y maestras se les nota que lo son, y se les puede identificar en la calle, en el metro, sin necesidad de que se manifiesten. Se les reconoce en el gesto adusto y la mirada lánguida, en la tristeza y la atonía vital. Hay un cierto decaimiento generalizado que puede ser identificado a simple vista... es el estigma de la desprofesionalización, de la carga diaria de un trabajo que les aprieta como un ceñido corsé, como el más cruel de los cilicios...

Sin embargo, la práctica docente, sin dejar de presentar las dificultades a las que me he referido ya en numerosas ocasiones, exige ser ejercida con relajamiento y con naturalidad, y debe constituir una fuente de placer y de enriquecimiento.

La conducción y la orientación de los escolares, las relaciones, siempre afectivas, que establecemos con ellos, la oportunidad incomparable de ser testigos participantes de su crecimiento, cómplices de su vitalidad y de su alegría de vivir, la ocasión de asistir al espectáculo de su sorpresa insaciable ante cada nuevo descubrimiento... todo eso debe llenarnos de satisfacción y de sosiego.

No olvidemos que se trata de una Comunidad Educativa, lo que implica que las relaciones y las vivencias a las que me refiero no son sólo con el alumnado; el resto de profesionales que trabajan a nuestro lado, los padres y las madres, el personal no docente, el propio entorno del centro... todo un mundo que gravita y da sentido a la compleja y riquísima red de relaciones en las que el principal actor es el niño, impedirá que nos sintamos solos. Es una tarea de muchas personas, una aventura común en la que nos sentiremos siempre acompañados.

La escuela debe ser vivida por el educador con la calma y la paciencia de quien asiste a una obra a largo plazo, duradera por su complejidad y su envergadura, lenta pero precisa, y adoptar la actitud de quien disfruta de un buen libro, de quien saborea el más exquisito de los licores.

Pero para ello debemos implicarnos plenamente en la tarea educativa, comprometernos con la Comunidad Educativa siendo nosotros mismos, sin complejos y sin pudores, sin miedo al afecto, a la entrega, a la recepción y al intercambio.

Todos tenemos qué enseñar y qué aprender, también el profesorado, desde luego.

A veces pensamos erróneamente que los profesores sólo enseñamos y que los alumnos sólo aprenden. Por añadidura asignamos a las familias un papel colateral, marginado de los elementos que interactúan en el recinto del centro educativo. No nos damos cuenta de que este planteamiento encierra varias falsedades difíciles de mantener ocultas si no es bajo una cobertura de opacidad intencionada y espuria.

Los alumnos, desde luego, no sólo aprenden. Y, cuando lo hacen, no sólo aprenden del profesor. Creer eso supone una falacia con la que aún muchos maestros pretenden autoengañarse. Los niños nos enseñan muchas cosas y lo hacen a diario. Observando sus evoluciones, sus formas de reaccionar, sus logros, sus miedos y sus dudas, aprenderemos mucho acerca de nuestro oficio. Pero no sólo eso, nos proporcionarán aprendizajes directos acerca de nuestra propia vida, de situaciones personales, familiares, sociales, etc.

Ellos aprenden de todo lo que les rodea, de sus compañeros, de sus familias, a través de los medios de comunicación, de la tecnología feroz que nos abruma a quienes nos pilló de retirada la irrupción de esa generación del microchip y el mando a distancia.

Tienen una infinita capacidad para aprender y para que todo les impregne, para absorber cada estímulo e incorporarlo a sus experiencias y a sus vidas.

Nosotros, no sólo enseñamos y, cuando pretendemos hacerlo, no siempre lo conseguimos. Desde luego que lo que intentamos transmitir no se corresponde, en absoluto, con lo que el alumnado recibe.

Cada nuevo día, cada experiencia vivida, nos proporciona aprendizajes cuyo desprecio supone un acto de arrogancia injustificada.

Es muy fácil comprender el desperdicio de oportunidades que supone desaprovechar la enorme cantidad de aportaciones y de experiencias que nos pueden proporcionar las familias de nuestros escolares. Diferentes formas de ver y afrontar la vida, los problemas, los conflictos, la diversidad de valores, de creencias y de culturas (especialmente en una sociedad diversificada, plural y multicultural como la que vivimos en nuestros días).

Las tradiciones vividas, las habilidades profesionales que pueden transmitirse y tantas otras cosas que no pueden resultar ajenas en una escuela concebida como una verdadera "comunidad de aprendizaje" en la que todos aportan y en la que todos reciben.

Ése es el principal fundamento de la *escuela estética* a la que me he referido ya.

La seguridad que aporta la comunidad, frente al desasosiego de la responsabilidad en solitario... El respaldo de sentirse parte de un todo que persigue objetivos comunes, frente a la inquietud de sentirse observado por los contrarios... La diferencia de sentir al lado el hombro del otro durante el camino frente a la violencia del enfrentamiento entre las partes...

¿Podéis imaginar la presión del atleta que se siente observado en la pista por miles de espectadores que esperan que bata el récord mundial?... Imaginad ahora que todos los espectadores descienden de la grada, rodean al atleta y le acompañan

en el recorrido de una carrera popular y solidaria, en la que no importa el tiempo ni el récord mundial es un objetivo, sólo llegar y llegar juntos... ese cambio os propongo.

Los diferentes sectores de la Comunidad Educativa no son el enemigo, no son observadores críticos, ni jueces que esperan nuestro error, sino compañeros de viaje. De un viaje que emprendemos juntos y que nos ha de deparar algunas incertidumbres, es verdad, pero también muchos paisajes hermosos, muchas experiencias enriquecedoras y, desde luego, todo el placer y la satisfacción de compartir lo mejor que tenemos las personas, nuestra capacidad de relacionarnos, de convivir (en el sentido etimológico de la palabra), de crecer juntos.

Mucho más hermoso que contemplar una puesta de sol, es asistir a esa puesta de sol acompañado de quien te ama.

Si acertamos a asomarnos al mundo mirando también a través de los ojos de cuantos nos rodean, os aseguro que desaparecerá el pudor y venceremos el miedo.

La educación seguirá siendo el incierto y complejo camino que ha sido siempre, pero el recorrido será placentero y podremos hacer nuestras las palabras de Rilke en su famosísimo poema: "El placer no está en la meta, sino en el disfrute que nos depare el camino".

MAESTROS Y PROFESORES

¡Qué título más absurdo! Parece una repetición casi tautológica, ¿verdad?

Si nos fijamos bien, puede que no. Dependerá del modo en que entendamos ambos términos para que sea posible establecer semejanzas y diferencias, matices que nos hagan sentir más o menos cerca de uno o de otro.

El diccionario de la RAE, en su asepsia habitual, no nos ofrece mucho al respecto, y señala para ambos casos, en las acepciones que interesan al discurso que nos ocupa, significados no muy distintos:

> *Maestro (y especifica, maestro de primera enseñanza): persona que tiene título para enseñar en escuela de primeras letras las materias señaladas en la ley, aunque no ejerza.*
>
> *Profesor (y no especifica si de primeros o últimos saberes): persona que ejerce o enseña una ciencia o arte.* —Y puntualiza inmediatamente, refiriéndose concretamente a los profesores de instituto o universitarios—: *Rango administrativo inmediatamente inferior al de catedrático.*

La cosa ya se pone interesante. ¿Resulta que entre el profesorado existen rangos, escalas, categorías? Tal vez por eso a muchos profesores de instituto les resulta molesto que les llamen "maestros". Ocurre también por eso que algunos de ellos muestran un cierto grado de frustración por no haber podido llegar a "enseñar" en la Universidad...

Entre los propios maestros (de primera enseñanza, como aclara la RAE) podemos encontrar muchos que prefieren denominarse profesores, argumentando que el término "maestro" ha quedado anticuado, obsoleto, y que, en la nueva concepción de la enseñanza, la voz "profesor" se ajusta más a la función que realizan.

Yo pregunto: el término "educador" ¿será adecuado para englobarlos a todos?

Si preguntásemos entre el profesorado, seguramente encontraríamos que no.

Muchos profesores de etapas superiores (superioridad referida exclusivamente a una cuestión cronológica, en relación con la edad del alumnado y el momento evolutivo en el que cada perfil profesional se hace cargo de su proceso educativo) declararán su negativa a la tarea de educar.

Con frecuencia encontraremos que el profesorado de Química, el de Historia o el de Lingüística se consideran, por encima de todo, químicos, historiadores o lingüistas, y entienden que su función no es otra que la de transmitir los conocimientos propios de cada una de sus disciplinas.

La situación personal, familiar, social, afectiva o económica de su alumnado no es de su incumbencia. No creo que en ningún caso se trate de mala intención, se trata simplemente de desafecto, de falta de implicación con la persona.

"Yo no pretendo salvar el mundo, eso que lo hagan los políticos o la asistencia social, mi trabajo consiste en enseñar química", he oído repetir muchas veces ante situaciones concretas de alumnos o de alumnas con dificultades.

Una vez más invito a abandonar la lectura de estas páginas a los emisores de discursos de este estilo.

Pero, desde luego, afortunadamente, no todos los profesores son así, en ninguna de las etapas educativas que queramos imaginarnos. Quiero pensar, incluso, que la mayoría del profesorado no piensa así en ninguna de las etapas que contempla nuestro sistema educativo.

Pero expuesta esta diferencia radical de criterio que me parecía necesaria para centrarnos en lo que nos ocupa y quedarnos solos quienes hablamos el mismo lenguaje... supongo que los meros "enseñantes" (químicos, historiadores, matemáticos, lingüistas... frustrados, que se dedicaron a la enseñanza porque peor es el hambre) ya no están, seguro que habrán aceptado mi invitación y habrán dejado de leer, volveré a la función del colectivo que nos interesa, maestros o profesores, ahora ya sí da igual.

El caso es que entre el colectivo docente de las etapas obligatorias, de las enseñanzas básicas, en los últimos años se ha planteado frecuentemente la controversia entre el tratamiento general de la educación y la necesidad de la especialización.

La EGB de los años ochenta y noventa era una etapa básica, como indica su propio nombre, pero que daba especial importancia a la especialización docente. Los escolares se encontraban sometidos, desde edades muy tempranas, al paso de numerosos profesores distintos por su aula, que impartían materias en las que habían adquirido una formación específica, no siempre para su didáctica. Y desde los 10 años el alumnado asistía al paso de cinco o seis profesores distintos, con planteamientos y exigencias diferentes, con estilos docentes distintos. Esto podía proporcionar supuestamente unos contenidos "especializados" y, sin duda, un alto grado de confusión.

En los últimos años, la LOGSE, la LOCE y la LOE han vuelto a considerar la figura del maestro generalista, tutor de su aula, si bien sólo en algunas materias pueden participar algunos especialistas que forman parte del equipo docente de cada grupo. Los nuevos planes de estudio de las carreras de Magisterio (adecuadas al Plan Bolonia y al Espacio Europeo de Educación Superior) han suprimido las especialidades (sólo permanecen Educación Infantil y Primaria) y han aumentado la duración total de los estudios de grado, aumentando la dedicación al prácticum a lo largo de todo el proceso formativo.

Puede que el resultado final no sea muy diferente. Habrá que esperar los resultados para obtener datos empíricos, pero me da la impresión, basada en mi experiencia, que por encima de todo ello se va a seguir encontrando la actitud del profesional, su grado de compromiso, la capacidad de análisis permanente de su práctica y el cumplimiento de aquellas dos funciones fundamentales a las que me refería en las primeras páginas de este, ya dilatado, texto.

Los maestros y las maestras prestan su servicio en ámbitos educativos muy diversos y variados, con alumnado de todas las edades y sujetos en las situaciones más dispares. Aportan su trabajo en:

- Escuelas de Educación Infantil.
- En Educación Primaria.
- En el primer ciclo de la ESO (Educación Secundaria Obligatoria).
- En centros específicos de Educación Especial.
- En centros de Formación de Personas Adultas (CEPA).

Pueden regentar programas específicos:

- Especialistas en PT y AL en el programa de Integración.
- Programa de Educación Compensatoria.

- Aulas de Enlace.
- Aulas Hospitalarias, etc.

Creo que hoy en día son muy pocos los que ponen en duda que la educación es un proceso que se da a lo largo de toda la vida y que, a cargo de ese proceso, orientándolo, conduciéndolo, mimándolo, apartándose discretamente para volver a acercarse y no perderlo nunca de vista, debe estar siempre un educador.

Llamémosle maestro o le llamemos profesor, tanto da, si en lo más profundo de sus convicciones tenemos claro que nuestra función suprema es la de educar, o diré mejor, la de acompañar el proceso de educación de cada persona, de cada individuo, velando siempre por él, dispuestos a reconducir, a actuar, a intervenir, a crear situaciones nuevas, a mediar en los conflictos, a provocar conflictos nuevos, a aportar nuestras dudas y a colaborar en la búsqueda de soluciones. De soluciones que no alcanzarán más que a ser soluciones provisionales, que no resolverán más que puntualmente situaciones concretas y precisas, que volverán a crear nuevos conflictos, dudas e inquietudes, porque así es la educación y así es la vida.

Entonces sí. Verdaderamente entonces estaremos "educando para la vida".

LA PARTICIPACIÓN. PIEDRA DE TOQUE

Llegados hasta este punto, si hemos convenido en considerar la institución educativa y la Comunidad Escolar como una "comunidad de aprendizaje", si aceptamos de buen grado la incalculable riqueza que puede extraerse de las aportaciones de todos sus miembros, convendremos también con facilidad que el centro no es una propiedad privada del profesorado en el que éste puede hacer y deshacer a su antojo sin tener que rendir cuentas a nadie.

Todavía existen muchos docentes que se creen titulares del monopolio de la toma de decisiones, amparados en que su formación, su titulación y su experiencia les hacen acreedores de una capacidad, incuestionada e incuestionable, para decidir de forma unilateral si no en lo educativo, sí, al menos, en lo que afecta a la enseñanza. Estos profesores suelen coincidir con los que he denominado enseñantes en varias ocasiones a lo largo de esta obra.

Se produce una contradicción que debemos atender con urgencia: por un lado, nos quejamos de que las familias adolecen de un preocupante grado de dejadez hacia la educación de sus hijos y lamentamos la soledad y la desasistencia en las que nos encontramos ante tan ardua tarea, pero, a la vez, negamos la entrada de los padres y de las madres en el centro argumentando una exclusividad que no se justifica a pesar de la ingente cantidad de ridículos argumentos que queramos emplear para ello.

Queremos que participen, pero blindamos los centros para que no entren y no puedan inmiscuirse en una función que, argumentamos, es exclusivamente técnica.

Llama la atención —tengo escrito ya en algún otro lugar— ver muchos centros escolares a la hora de la entrada o la salida de los pequeños, cómo sus padres o madres que van a llevarlos o a recogerlos se arremolinan en la acera, ante las verjas que delimitan el patio de entrada, porque tienen denegado el acceso al mismo, porque no pueden acceder ni siquiera a las instalaciones exteriores del centro, bajo el pretexto de la necesaria autonomía de los niños y de los beneficios de un cierto distanciamiento...

Aparcan sus vehículos en doble fila, obstruyen las aceras y siguen con la mirada el lento atravesar de sus retoños por la pista deportiva que separa los barrotes carcelarios de la entrada al edificio principal. Se debaten expectantes a la hora de la salida, abriéndose paso entre la multitud de padres y de madres para no despistarse y descubrir, entre la "horda" de pequeñuelos que "escapan del encierro", a aquel que les corresponde por designio del libro de familia... no digamos en los días de lluvia, en los que la impedimenta de paraguas y ropas de abrigo hace algún más sangrienta la batalla...

Y el profesorado que asiste tras los cristales al lamentable espectáculo de esa infame espera ¿es el que se queja de que los padres no participen?

Creo que es el momento de alejarnos de posturas hipócritas y de afrontar una de las cuestiones vitales, pendiente en nuestra práctica docente y que tiene más que ver con cuestiones que hemos abordado ya: el miedo, el pudor, la inseguridad del profesorado, la separación arbitraria y caprichosa de los diferentes sectores de la Comunidad Educativa.

Porque, si lo pensamos bien, ¿qué posibilidades reales ofrece a los padres la actual legislación educativa? Nótese que estoy diciendo posibilidades reales. Esto es, posibilidades de verdadera y auténtica participación, no me refiero a la condescendencia insultante de permitir que se asista a contemplar cómo otros toman las decisiones, legitimados, además, por el hecho de que algunos representantes de los demás sectores estaban presentes. Y es que a eso se reduce la posibilidad de participación de los padres en la escuela de nuestros días.

Los padres y las madres pueden participar en el proceso de toma de decisiones formando parte del Consejo Escolar, máximo órgano decisorio en la estructura organizativa de los centros.

Profundicemos un poco. Los Consejos Escolares de los centros son órganos colegiados, en los que se encuentran representados todos los sectores de la Comunidad Educativa, en los que, por prescripción ineludible de la normativa vigente desde el momento de su creación, el profesorado siempre se encuentra representado en situación de mayoría absoluta, sea cual sea el tipo de centro y su número de unidades. En caso de conflicto, de diferencia de intereses o de criterios, ¿qué posibilidades tienen los padres de influir en la decisión? Ninguna.

"Dotémonos de una estructura engañosa que aparente un funcionamiento democrático-representativo", debió de pensar el legislador. *En la mayoría de los casos, decisiones rutinarias (aprobación de documentos institucionales, presupuestos, memorias, programaciones generales, etc.), la pantomima pseudodemocrática alcanzará a enmascarar el engaño. Y, en caso de conflicto, la composición numérica del propio Consejo siempre asegurará al profesorado la última palabra... es decir, la única palabra si no es para asentir.*

Por si esto fuera poco, pensemos en cómo se realizan las elecciones de representantes al Consejo Escolar. La puesta en escena de semejante farsa terminará de arrojar luz en la cuestión que nos ocupa.

El escenario se dispone con todos los elementos de tramoya necesarios para que la función sea creíble: publicación de plazos para la presentación de candidaturas, aceptación de candidatos y publicación reglamentaria... ¡Alto!... ¿Cuántos padres y madres conocen a quienes se ofrecen como candidatos? ¿Dónde han podido conocerlos y tantear sus intenciones, sus "programas"? ¿Habrá sido, tal vez, durante un día de lluvia en la vorágine de paraguas y de búsqueda del retoño frente a los barrotes carcelarios y en plena acera?... eso no se sabe. La elección se realiza, con escasísimos niveles de participación, en la mayoría de los casos sin que los electores conozcan a los candidatos, salvo el pequeño grupo de quienes llevan a sus hijos al mismo curso...

El caso es que la transparencia democrática ya está garantizada. El colectivo de padres vota sin saber a quién, ni por qué, y lo hace con todas las garantías: mesa electoral, urna, espacio reservado para garantizar el voto secreto.

Y todos han quedado satisfechos de haber participado en lo que se puede participar.

Nunca más los representantes elegidos rinden cuentas ante sus electores. Nadie sabe quiénes son, ni qué hacen, ni en qué momentos, ni en cuántas ocasiones son convocados.

Desde luego nadie vuelve a tener información acerca de qué aspectos debaten, ni qué posturas defienden, ni en qué medida son escuchados.

Llamemos a las cosas por su nombre. Esto es democracia en estado puro.

***

Ya dijo Galeano que si los votos sirvieran realmente para algo, hace ya mucho tiempo que estarían prohibidos.

Todo resulta una parodia infame para que las cosas sigan siendo como eran, pero con tendencia a empeorar. ¿Quién había dicho que, llegados a cierto punto, ya no podríamos estar peor?

Quienes lo sabemos, quienes lo hemos vivido de primera mano, que somos muchos, estamos contribuyendo así con esta falacia grotesca si no lo hacemos público, si no lo denunciamos a los cuatro vientos.

Por último, señalaré que, en los últimos años, los consejos escolares han perdido gran parte de las atribuciones que la LOCE les atribuía inicialmente, sobre todo las que tienen que ver con su capacidad decisoria. Estas funciones perdidas por los consejos les han sido añadidas a quienes ostentan la dirección de los centros de modo unipersonal —tecnificación de la función directiva—, por lo que las ya nulas posibilidades de participación de los demás sectores de la comunidad en funciones "directivas", quiero decir en aspectos decisorios, han quedado reducidas al plano testimonial en el que fueron concebidas, pero ahora sí, con menos disimulo.

Para completar la estrategia, en algunas comunidades autónomas (recordemos que con plenas competencias en materia de educación, salvo en los aspectos a los que vinculan las leyes orgánicas que se puedan suceder en el tiempo, y aun en esos casos, diferentes comunidades escamotean, dificultan o directamente boicotean su cumplimiento), por ejemplo la de Madrid, han incrementado el salario de aquellos a quienes han otorgado su confianza... ¿para que recuerden siempre a quién sirven?... ¿tal vez para que no olviden nunca quién los puso ahí?[5]

Ah, perdón, se me olvidaba, también pueden participar a través del AMPA. En la mayor parte de los centros se inscriben, pagan una cuota y eso les da derecho a organizar campeonatos de fútbol en el patio (entiéndase cualquier otro tipo de actividad de las llamadas extraescolares), después de la hora de salida. Sin llaves de los aularios, sólo del gimnasio, ya que después del horario lectivo no hay conserje y el hecho de dejar puestas las alarmas impide entrar y salir del edificio.

---

5. En la Comunidad de Madrid no han tenido lugar los procesos electorales a cargos de dirección de centros que deberían haberse realizado en, al menos, las dos últimas ocasiones. La Administración ¿educativa? ha confirmado en sus cargos directivos a quienes le resultaban fieles y, ocasionalmente, ha reprobado (y por supuesto sustituido) a aquellas personas consideradas críticas, independientes, autónomas...

En ese tiempo, por supuesto, no hay ningún miembro del profesorado al corriente de las actividades, ni siquiera del equipo directivo, y el AMPA funciona como una asociación independiente a la que se le prestan unas instalaciones que no le son propias.

Añadiré que la verdadera función que cumple el AMPA en estos tiempos, que no es despreciable en absoluto, es meramente asistencial y resuelve un problema ciertamente difícil para muchas familias cuyo horario laboral termina después de la salida de sus hijos del colegio; la actividad extraescolar retiene a los pequeños una hora, dos, y con frecuencia más, atendidos por monitores, empresas de ocio y tiempo libre, trabajadores autónomos, padres o madres más o menos implicados, etc., con garantías de seguridad.

Pero ¿vamos a confundir eso con la participación? Ciertamente no.

Participar significa tomar parte. Es decir, tener acceso a toda la información, posibilidad de tomar una opinión propia, exponerla en todos los foros de discusión, debatir, problematizar, llegar a acuerdos, negociar, gestionar y, por último, participar en la toma de decisión en igualdad de condiciones.

El problema es que todo eso que he expresado en un solo párrafo implica un cambio revolucionario en la estructura de la mayor parte de los centros y en la mentalidad profesional de un altísimo porcentaje de profesores.

Para poder llevar a cabo todas esas cosas de simple enunciado la escuela deberá protagonizar un cambio tan radical que resulta difícil imaginar desde las estructuras actuales. Aunque, en realidad, no estoy diciendo nada nuevo.

Es vano, empero, esperar este mejoramiento del género humano de una reforma paulatina de la escuela. Éstas tienen que transformarse de raíz si se quiere que de ellas salga algo bueno, ya que están viciadas desde su constitución original y sus mismos profesores han de recibir una nueva formación. No es una lenta reforma, sino una rápida revolución, la que puede conseguir esto. Y para ello se requiere, ni más ni menos que una escuela que se organizara de nuevo desde la base según el método correcto, que fuera regida por individuos ilustrados, impulsada más por la grandeza de ánimo que por la obtención de un salario.

E. Kant, *Pedagogía*, Madrid, Akal, 1983

No sólo permitir, sino propiciar, alentar, incentivar, motivar el acceso de los padres y madres a la escuela y hacer del centro un espacio de todos, dar cabida a las aportaciones de las familias en la gestión del centro, dotarse de estructuras de participación efectivas: comisiones, asambleas, foros y espacios de debate y de discusión, etc.

Animar y solicitar (no digo permitir) la entrada de las familias en el aula, colaborar en el desarrollo de las actividades escolares, implicarles en el currículo y... vivir la comunidad escolar de forma compartida y solidaria, conscientes de que los objetivos y los intereses son comunes, trasladarles la naturaleza de los problemas para que puedan aportar soluciones.

A muchos maestros, y aún más a muchos directores, les asusta pensar en un centro así. Y, sin embargo, todo cambia cuando se lleva a cabo el intento.

A pesar de las dudas y de los temores, la literatura pedagógica recoge la experiencia de algunos centros singulares que llevan una dilatada trayectoria de clara opción democrática, asamblearia y autogestionaria, sin que por ello se hayan hundido los cimientos de la institución: todos tenemos en la cabeza ejemplos como "Summerhill", todavía abierto en la actualidad, aunque a mi juicio haya sucumbido al elitismo y a la globalización, o "El Principito" (San Juan de Pasto, Nariño. Colombia), que escolariza a alumnos desfavorecidos socialmente en un clima de libertad y compromiso social. Por no citar la escuela Cosettini (Alberdi, Rosario; Argentina, entre 1935 y 1950), cerrada por las autoridades del país por considerarla una amenaza para el régimen, aunque no se enseñaba otra cosa que los programas oficiales... y a pensar.

Pero no hay que mirar tan lejos, ni en la distancia ni en el tiempo. Sin salir de nuestro país encontramos ejemplos de instituciones educativas democráticas y singulares que cuentan con una experiencia de más de treinta años, constituidas en verdaderas comunidades de aprendizaje a pesar de las trabas que han encontrado frecuentemente por parte de la Administración.

Dentro de la Comunidad de Madrid: *Trabenco* (Leganés, Madrid) y *Palomeras Bajas* (Madrid) (ambos en plena actividad docente). O fuera de la Comunidad, pero conocidos por todos: *Fregenal de la Sierra* (todo un clásico de escuela en libertad) y *O Pelouro* (Pontevedra)... Incluso otros menos conocidos: *Fernando Feliú* (Gerena, Sevilla). Por citar sólo algunos ejemplos.

En muchos de estos centros, con peculiaridades propias en cada caso, en las que no profundizaré en estas páginas por razones obvias, toda la organización gira en torno a la Comunidad Escolar; los trabajos escolares, administrativos, económicos, de gestión, etc., se realizan en comisiones de trabajo en las que se integran profesores y padres. Las asambleas de alumnos, las de aula, las de familias, se convocan y se reúnen de forma periódica y el máximo órgano de toma de decisiones es la Asamblea General.

Los centros funcionan de forma armónica, sin estridencias, y todos los sectores de la Comunidad Educativa se sienten parte del mismo bando. Son escuelas de todos y para todos, en las que se participa al máximo nivel y se toman las decisiones independientemente del lugar del que provengan las propuestas.

Existe una amplia documentación y bibliografía, a disposición de quien quiera consultarla, que describe perfecta y minuciosamente la organización y el funcionamiento de estos centros: Martín Luengo, 1978; Bastida y Lara, 1982; Lara, 2004; Pumares, 2005; Feito y López Ruiz, 2008[6].

---

6. Bibliografía citada: Martín Luengo, Mª. J. (1978): *Fregenal de la Sierra. Una experiencia de educación en libertad*, Madrid, Campo abierto; Bastida, F. y Lara, F. (1982): *Autogestión en la escuela*, Madrid, Ed. Popular; Lara, F. (2004): *La escuela como compromiso*, Madrid, Ed. Popular; Pumares, L. (2005): *Trabenco, 25 años de innovación educativa*, Madrid, Servicio de Publicaciones de la UCM; y Feito, R. y López Ruiz, J. I. (2008): *Construyendo escuelas democráticas*, Barcelona, Hipatia.

Son muchos más los que me dejo, la mayoría presentes en la mente de cualquier persona cercana al ámbito educativo, pero no persigo rigor, sólo me mueve un cierto afán de ejemplificación...

Cómo no citar Paideia, Waldorf, Ágora Siglo XXI... tantos y tantos otros posibles ejemplos que, con una trayectoria que habla por sí sola, podrían engrosar la lista de ejemplos hasta la saciedad, que no es la intención de estas paginas.

(Pido disculpas a los ausentes, aunque los tengo tan presentes como a los citados. Forman parte de la misma especie protegida, en peligro de extinción.)

Hace falta un determinado perfil docente para poder pensar en un centro así, pero es agradable comprobar que otra escuela es posible, si bien se tienen que dar las condiciones necesarias para efectuar el cambio.

DEMOCRACIA Y ESCUELA

La democracia y la escuela, al menos la escuela que la mayor parte de nosotros hemos sufrido, son, por definición, dos términos antagónicos.

La democracia implica participación, igualdad de trato y de oportunidades, libertad para actuar y para tomar decisiones, y aceptación de la situación por parte de quienes son "gobernados".

Sin embargo, la escuela se basa en unos principios completamente contrarios: suele ser un espacio fuertemente jerarquizado en el que unos gozan de unos privilegios que les son negados a otros, las decisiones suelen tomarse de modo unilateral y, con frecuencia, los "gobernados", en este caso los niños, asisten al centro bien en contra de su voluntad; en muchas ocasiones, si por ellos fuera, preferirían mil veces poder estar en otro lugar.

Con esta premisa, ¿qué centros pueden realmente ser denominados escuelas democráticas?

Los requisitos podrían ser muchos, pero voy a resumir hasta la obscenidad por limitaciones de extensión, no sin antes hacer una puntualización que me parece fundamental antes de seguir adelante.

Diré, sin temor alguno, que los centros y las instituciones no son de ninguna manera. Un centro educativo puede no ser nada más que un edificio, ser inanimado donde los haya y de por sí, vacío de ocupantes, no toma forma alguna ni se decanta por ninguna opción. Son las personas que les dan vida quienes hacen que un centro adquiera unas determinadas características y, en el caso que nos ocupa, en la decisión de constituir un centro de uno u otro tipo, tiene un peso casi exclusivo el equipo docente, esto es, los maestros y las maestras, por lo que se verá que no nos hemos salido en absoluto del contenido que pudiera haberse asociado al título del libro. Seguimos hablando de lo que hacemos los maestros.

Es verdad que pueden influir otros aspectos, pero si la plantilla de un centro no propicia las condiciones necesarias para la democratización del mismo, poco podrán hacer por su parte los otros sectores de la Comunidad Educativa.

De entre todos los factores que podrían ser tenidos en cuenta para concluir que un centro pueda ser considerado democrático, señalaré cinco (o mejor cuatro más uno) aspectos fundamentales e imprescindibles:

- *El establecimiento de una organización que garantice estructuras democráticas internas que favorezcan y exijan la plena participación de todos.* Sí, a veces hablamos acerca de democracia —y de otros muchos valores— mientras mantenemos actitudes y estructuras que contradicen lo que predicamos. Los comportamientos democráticos se adquieren y se consolidan únicamente practicándolos y, para ello, el centro tiene que dotarse de las estructuras de funcionamiento que garanticen su ejercicio.
- *La adopción de un currículo democrático: abierto y flexible, modificable y que recoja intereses diversos del alumnado y los demás sectores de la comunidad.* Los contenidos del currículo rara vez responden a los intereses de quienes están sometidos a ellos. Es posible formular

un currículo basado en las propuestas de los escolares y trabajar, a partir de él, todas las competencias necesarias para el desarrollo de los alumnos.
- *La garantía de una clara igualdad de trato y de oportunidades.* Esta igualdad se da raras veces y las diferencias se hacen notar al alumnado hasta que las asumen como "naturales".

El profesor dispone de un espacio en el aula en el que se puede mover con libertad, los alumnos se encierran en el medio metro cuadrado de su pupitre. Los profesores suelen contar con aseo propio, con espejo, papel, jabón, toalla, mientras que los alumnos usan uno comunitario que no dispone de nada de eso. El profesorado goza de espacios y salas que están vetadas a los chicos; éstos no tienen más que su aula, siempre bajo la vigilancia del profesor y, ni aun cuando llueve, pueden permanecer en el centro si no es bajo la vigilancia de un adulto. En el comedor se utilizan turnos distintos, y ni siquiera el menú suele ser igual para adultos y para pequeños... ¿necesidades nutritivas, privilegios o demostraciones de superioridad de rango?

- *La proyección exterior del centro hacia el entorno en el que está inmerso.* Un centro que da la espalda a su entorno no educa "para la vida", la educación no puede aislarse del exterior, no debe aislarse en la burbuja de sus cuatro paredes. El hecho educativo no puede producirse al margen de la sociedad en la que vivimos porque educarse consiste, sobre todo, en comprender el mundo que nos rodea y comprometernos en su transformación, para mejorarlo, para hacerlo más humano y más habitable.
- *Que sea de titularidad pública.* Comprendo que puede sorprender la contundencia de este quinto enunciado. Lo comentaré, aunque brevemente, con algo más de detenimiento.

Hasta este momento, próximo ya al final de esta reflexión acerca del trabajo de los docentes, no he hecho alusión alguna a diferencias entre tipos de centros, también porque exigen diferentes formas y estilos docentes, y no ha sido por falta de ganas, es sólo que la extensión pensada para esta obra concede un margen muy estrecho para abordar tan ancho propósito, y no me he referido en ningún momento a consideraciones de ningún tipo acerca de la escuela pública o privada... ahora urge una brevísima reflexión.

Debo aclarar que la consideración contundente y radical que supone enunciar que un centro no puede ser democrático si no es público, se corresponde con una reflexión absolutamente personal. Soy yo, independientemente de otras muchas y muy respetables opiniones, quien está definiendo lo que considera una escuela democrática; se puede estar en desacuerdo, y quien lo esté, que lo argumente, como yo lo intento hacer al escribir estas páginas.

La práctica democrática exige libertad, independencia y respeto al principio de igualdad, sea cual sea la situación coyuntural por la que atraviese la institución.

No voy a negar, y no he dudado en mencionar algunos de ellos como ejemplares en páginas anteriores, que muchos centros concertados, y aun privados, se destacan por una línea educativa innovadora, didácticamente plausible y merecedora de toda consideración... no añadiré ni un solo comentario que empañe esta afirmación. Muchos de estos centros son un ejemplo a seguir en cuanto al quehacer educativo que vienen realizando a lo largo de muchos años, pero en el terreno de lo conceptual, mi concepción de una escuela democrática se aparta un poco de esas realidades.

Muchos centros concertados y/o privados son elitistas: el ingreso, la matriculación del alumnado y el mantenimiento de la plaza como miembro de determinadas instituciones es económicamente inaccesible para la mayoría de la población, por lo que sólo una élite social puede acceder a ellos.

En otros, se somete a los candidatos a determinadas pruebas de selección previa que garanticen un cierto nivel de rendimiento académico acorde con el prestigio de la institución. Excepcionalmente, el nivel de competencia de la cuenta corriente de los padres puede suplir la ausencia de capacidades en el hijo, lo cual es doblemente preocupante.

No, el maestro, con minúscula, es decir, el verdadero maestro; como le ocurre al médico o al abogado, no puede permitirse estar mirando la extracción social del cliente en cuestión, no puede permitirse seleccionar en función de la clase social de quien requiere sus servicios. Una escuela democrática debe ser universal, esto es para todos, sin distinción de clase social o volumen de la cuenta bancaria.

El hecho de que en la Comunidad de Madrid, el 87 por ciento de la población inmigrante esté escolarizado en la escuela pública y sólo el 13 por ciento lo esté en la concertada, es altamente significativo.

Los datos de escolarización de población inmigrante, o perteneciente a minorías étnicas, en la escuela privada no suele aparecer en las estadísticas... y todos entendemos por qué.

En cualquiera de los dos casos expuestos, por muy plausible que resulte la línea educativa del centro en cuestión, el principio de igualdad de oportunidades, esencial en la consideración de una escuela democrática, como yo la considero, queda más que conculcado.

El funcionamiento de este tipo de instituciones suele ser ejemplar, se sustenta en la solvencia económica de su clientela y eso suele proporcionar un devenir sin sobresaltos. Pero en épocas de crisis, cuando el negocio que lleva implícito toda institución privada se pone en riesgo, cuando surgen conflictos de intereses entre sus accionistas... ¿cuál es el orden de prioridades?

Una entidad privada es lo que su propio nombre indica. Hay unos intereses económicos, políticos, ideológicos que salvaguardar. Depende de la consigna irrenunciable de resultar rentable en todos esos aspectos y aun en muchos otros, y cuando esto no sucede... ¿hace falta ilustrar de qué modo proceden los responsables de tales instituciones presuntamente filantrópicas?

Por esa razón, la educación, como la sanidad, como la justicia, como tantos otros "servicios sociales" que el lector quiera enumerar, deben ser garantizados por los poderes públicos si queremos que aseguren el principio de igualdad que resulta inherente al concepto de democracia.

Todo lo que no sea eso constituye una falacia perversa que perpetúa los privilegios de las clases dominantes en detrimento de un publicitado Estado de Derecho que no ha pasado nunca de ser una pantomima infame. El esperpento cruel de la división de clases y de la supremacía y la imposición de los más fuertes.

IDEOLOGÍA Y ESCUELA

La escuela, como instrumento a través del cual se conduce a la educación y a la formación de los individuos, siempre ha estado fuertemente ideologizada.

Cuando hablo de ideología, no hablo de militancia. No me refiero al hecho detestable de inculcar unos determinados ideales partidistas en términos de inversión política, que también... eso sería muy burdo... el hecho es mucho más refinado, más sutil.

Por ideología, estoy dando a entender una determinada manera de entender el mundo, de analizar las relaciones entre las personas y de tomar postura ante la sociedad que nos rodea, que nos ha tocado vivir.

Pero no creo que a nadie se le escape que tener una cierta idea del mundo y analizarlo en función de determinadas claves implica un determinado concepto de la educación, de la escuela, del papel del educador.

Pensar que la escuela, que la educación está libre de ideología, es mantener una postura fuertemente ideológica, negar la realidad para asumir y sumarse a la ideología dominante. Sólo desde las posturas hegemónicas de quienes ostentan el poder se niega esta realidad difícilmente contestable.

Los maestros, como elementos del sistema educativo, inmersos en una actividad propensa a la investigación, a las dudas, al desarrollo de una personalidad individual, con frecuencia nos planteamos la necesidad de ser asépticos, neutrales, de no influir con nuestras opiniones, nuestra experiencia, nuestra manera de ver y analizar el mundo, en las mentes de quienes se están abriendo a la vida... ¡Tarea inútil!

Los educadores somos quienes somos, personas por encima de todo, estamos vivos, sentimos, pensamos, tenemos una experiencia a la que no podemos renunciar, hemos desarrollado nuestras propias formas de vivir y de interpretar el mundo.

Hemos desarrollado todo un universo de significados que se corresponde con nuestra trayectoria vital, única, irrepetible y sujeta a estímulos de todo tipo; tenemos convicciones, creencias y dudas, manifestamos certezas y nos contradecimos con frecuencia. Somos personas, tenemos derecho a ser quienes somos y a cambiar, a ir construyendo nuestro propio "yo" a medida que la vida nos va aportando materiales diversos...
...Y eso es lo que transmitimos.

Quien entra en el aula, como quien asiste a cualquier otro tipo de trabajo, nunca lo hace libre de su trayectoria personal, de sus problemas personales y de sus alegrías, de las emociones que le haya provocado la noche anterior, de su estado de ánimo... tampoco de la forma de analizar el mundo que le rodea.

Yo no he conocido a ningún maestro que entre en su clase arengando ¡Voten ustedes a tal o cual partido!... pero tampoco he conocido a ninguno que sea capaz de no estarse manifestando ideológicamente desde el mismo momento de pisar el aula.

La forma de dirigirse a los demás —y de permitir que los demás se dirijan a él—, de analizar las diferentes situaciones, de mediar en los conflictos, de propiciar uno u otro clima, de expresarse y permitir que los alumnos se expresen, de vestir, incluso... cada cosa que hacemos nos retrata ideológicamente.

Pero, además de lo expuesto, la ideología impregna la educación en un doble sentido que merece la pena resaltar. El modelo de escuela que tenemos se corresponde con un cierto planteamiento ideológico de quienes nos gobiernan. Las culturas dominantes no pueden liberarse de una lógica intención de perpetuación, se trata de formar individuos de una determinada forma, con unos valores determinados —frente a otros posibles—, elegimos un cierto contenido curricular de entre otras muchas posibilidades...

Y así, en diferentes momentos históricos, y en diferentes lugares, cada cultura ha desarrollado muy distintas concepciones y diferentes valores en torno a temas que nos pueden parecer cruciales o polémicos.

La homosexualidad en la Grecia Clásica, por ejemplo, tenía una consideración social totalmente distinta a como hoy la entiende nuestra sociedad occidental. El duelo ante la muerte no se manifiesta del mismo modo en Oriente y en Occidente. La poligamia, el adulterio... no merecen la misma consideración en el mundo musulmán y en el cristiano. El trabajo —explotación— infantil no se valora del mismo modo en sociedades "desarrolladas" o "en vías de desarrollo"...

Las clases dominantes no van a renunciar nunca a imponernos una determinada visión del mundo, una concepción de la sociedad, mientras que las culturas marginales se empeñarán en la crítica de los excesos y los vicios de aquéllas.

El currículo oficial y, en general, el Sistema Educativo en su conjunto está estructurado de una determinada manera que sirve a unos ciertos intereses ideológicos: de orden político, social, económico, etc., y los propios contenidos que se seleccionan para los alumnos aparecen "escogidos" y sesgados en base a esos mismos intereses.

Apple y Beanne, en su famoso libro Escuelas democráticas, *ponen un ejemplo muy claro y muy concreto: seleccionan de un libro de texto una cierta lección que habla de la naturaleza y de las catástrofes naturales que se producen en ella de forma inevitable, terremotos, inundaciones, erupciones volcánicas, etc., y se justifica el gran número de muertes de personas que producen cada año...*

Es un modo de presentarlo.

Pero no se cuestiona por qué hay sectores marginales de población que no tienen más remedio que construir pobres chabolas con materiales de desecho en esas zonas de riesgo, laderas montañosas de aluvión, zonas de fricción de placas tectónicas, etc. Ni se pregunta por qué el precio del suelo estable, rico, fértil, les está vedado a ciertos sectores sociales, ni por qué las grandes urbanizaciones multimillonarias no se construyen nunca en esas zonas.

El título del tema podría ser el mismo: "La naturaleza y los desastres naturales", pero su contenido, y la presentación que de él se hace, varía muy notablemente.

Quien no se manifiesta, está muerto. Y la educación es una actividad viva y vivificadora, crítica siempre en la medida que persigue la formación individual de la personalidad del individuo, de la independencia de criterio, de la visión particular del mundo.

Vierte ideología el político cuando habla desde la tribuna de oradores, el cura cuando predica desde el púlpito y el banquero desde el despacho de su oficina... y lo hacen además de forma interesada, esto es que responde a unos determinados intereses perfectamente identificables y reconocibles...

Pero nosotros tenemos una función más alta.

Queda a criterio del docente, de su honestidad y de su respeto por sus alumnos y por su noble profesión ser consciente de las posibilidades de influir en los pequeños a su cargo. Buscar el adecuado equilibrio entre ser quien es y respetar la búsqueda de lo que los demás vayan a ser. En realidad, como en tantos otros aspectos que hemos ido tratando, se trata de una cierta dosis de sentido común, de ejercicio profesional equilibrado y atento, de autoanálisis crítico constante, en definitiva, de sentirse educador y ser consciente de lo que eso representa.

LOS ALUMNOS DE AHORA Y LOS DE ANTES

No quiero cerrar estas páginas sin referirme a ciertas características de la escuela actual y a algunos mitos a los que recurrimos con frecuencia, aunque de alguna forma se han ido intuyendo ya algunos aspectos a los que aludiré a continuación, pues en materia de educación nada es independiente, y cada variable que consideremos aparecerá indisolublemente unida a otras muchas en una red, como he mantenido desde el principio, altamente compleja y difícil de desentrañar.

Por eso resulta siempre artificioso y falto a la verdad el intento, bienintencionado, muchas veces, de presentar por separado aspectos relevantes del hecho educativo, aunque sea sólo con fines expositivos.

Por el contrario, al considerar las variables intervinientes en toda su complejidad, aparecerán de forma recurrente en diversas partes del discurso, lo que puede darnos sensación de una cierta redundancia... no es tal la intención, y evitaré ser repetitivo en la medida de lo posible; es ese maridaje simbiótico entre unas cosas y otras el que obliga a una cierta recurrencia.

El más simple análisis de la realidad escolar nos pondrá de manifiesto que nuestras aulas, al menos en las etapas que nos ocupan, es decir, las que son desempeñadas y asumidas por maestros, presentan unos índices de diversidad muy superiores a los que estábamos acostumbrados en los últimos años.

Es cierto que a los elementos provocadores de diversidad tradicionales en los años anteriores: edad, género, capacidades individuales, presencia de alumnado con ligera discapacidad (el alumnado discapacitado gravemente afectado se escolariza en centros específicos)... se ha unido en el último tiempo el fenómeno de la inmigración, si bien, muy desigualmente repartida de unas zonas geográficas a otras y, desde luego, muy desigualmente repartida entre unos centros y otros por la condición de su titularidad pública o privada, por mucho que la mayoría de los centros de titularidad privada sean concertados y, por tanto, sostenidos con fondos públicos.

Es decir, que en muy poco tiempo hemos pasado de ser un país prácticamente monocultural, pues las diferencias entre las distintas comunidades autónomas españolas son de escasa relevancia comparadas con las que se derivan de la internacionalidad o la intercontinentalidad de la población actual, a ser un país multicultural (a ser un país intercultural no hemos llegado en modo alguno, por desgracia, al menos hasta el momento presente).

Desde un tiempo a esta parte las aulas presentan una fuerte diversidad cultural, que antes no se daba, lingüística, religiosa, etc., que afecta a las costumbres, creencias, folclore... presentando fuertes contrastes, mientras que, anteriormente, la sardana, la muñeira y el fandango bien podían pasar por primos hermanos.

También es cierto que la afluencia de alumnado inmigrante afecta de forma desigual a unas y otras etapas educativas, sea cual sea el tipo de centro. Así, las que afectan al interés de estas páginas han visto incrementar el número de alumnado inmigrante en un porcentaje enormemente mayor que en etapas superiores. En Educación Infantil y Educación Primaria el porcentaje de alumnado extranjero ha alcanzado una media que supera el 60 por ciento en centros públicos, llegando a sobrepasar el 90 por ciento en casos extremos, o en aquellos centros situados en zonas de asentamiento masivo de este tipo de población[7]. La incidencia en la Educación Secundaria Obligatoria ha sido menor, y a medida que ascendemos hacia etapas superiores (Ciclos Formativos, Bachillerato, Universidad...), el porcentaje de inmigrantes por aula se reduce drásticamente.

Muchos analistas coinciden en señalar que, lógicamente, esta situación se produce porque la mayoría de la población inmigrante en España lo es, aún, de primera generación. Y que cuando esta población se estabilice en nuestro país, en la segunda, tercera y posteriores generaciones, crecerá el número de alumnos (que ya no serán inmigrantes, sino ciudadanos españoles) en las aulas de enseñanzas superiores, al tiempo que crecerá el mestizaje.

Esa situación ha hecho que el profesorado haya tenido que adaptarse a una situación desconocida hasta el momento y haya tenido que incorporar nuevos elementos organizativos y didácticos en su práctica docente. Pero el cambio, aún muy lejos de llegar a completarse, ha traído un tiempo convulso, incierto, de búsqueda constante.

---

7. En los propios Centros de Educación de Personas Adultas (CEPA), que parecían tener unos perfiles de alumnado muy estable y atender a grupos muy distintos entre sí, pero con necesidades bien definidas, se ha producido un cambio muy sustancial en los últimos años. Las enseñanzas de Español para Extranjeros (L-2 en niveles de iniciación y avanzado) han cobrado una relevancia insospechada y, en la actualidad, hay presencia de alumnado de todas las posibles procedencias del planeta en todos los niveles educativos y en todas las modalidades.

El profesorado más inquieto se ha vinculado a un proceso de transformación muy importante, al tiempo que crecía la demanda de una formación permanente específica y de calidad.

Muchos maestros han asumido de forma voluntaria la aventura de hacerse cargo de aquellos programas previstos para acoger mayoritariamente a este tipo de alumnos (Educación Compensatoria y Aulas de Enlace, fundamentalmente)[8] y han realizado una magnífica labor docente y personal al frente de estas unidades. En muchas ocasiones en la soledad más absoluta y en la mayor carencia de recursos que pueda imaginarse. Se han sobrepuesto a una situación desconocida a base de entusiasmo y entrega, han elaborado sus propios materiales (hasta las propias editoriales carecían de oferta a este respecto), han innovado y renovado su propia práctica y su concepción de la escuela a base de creatividad... en muchas ocasiones ante la incomprensión de propios y extraños.

Aunque parezca mentira, muchos profesionales que se han vinculado a estos programas han sufrido la incomprensión de sus propios compañeros y otros sectores sociales, achacándoles intenciones espurias: un cierto afán de comodidad, la obtención de un destino cercano, el trabajo con grupos reducidos...

Y no es ni cierto, ni justo.

Habrá casos en los que las motivaciones principales hayan sido de esa naturaleza, ¿en qué colectivo no los hay? Pero puedo asegurar que en la inmensa mayoría de ellos ha sido una exclusiva motivación profesional la que ha procurado la decisión, y doy fe de que realizando un trabajo admirable en gran parte de ocasiones.

Y aún diré más, me consta que en no pocos casos, en los que la motivación inicial era otra, el reto que supone el trabajo con este tipo de población ha llevado a los maestros que lo asumieron a posturas profesionales de compromiso y entrega personal.

---

8. Ambos programas en claro peligro de desaparición en la Comunidad de Madrid, a causa de la feroz política "contraeducativa" que está siguiendo la Administración autonómica en los últimos tiempos.

Tengo que añadir, en honor a la verdad, que estoy convencido de que gran parte de los maestros y maestras que se han vinculado al trabajo con población inmigrante, como ha ocurrido con los discapacitados y con otros varios sectores olvidados y desaventajados de la población, eran, ya de por sí, profesionales comprometidos, entusiastas y críticos... diré que "vocacionales", por mucho que ahora nos dé un cierto ridículo pudor emplear esa palabra, y que han hecho un gran trabajo en este ámbito como lo habrían hecho bueno en cualquier otro.

Muchas otras personas que no han sabido apreciar la riqueza que toda diversidad aporta a una sociedad, lamentablemente, se han quedado en el análisis de la crisis que supone todo cambio, impotentes ante las dificultades y ante el reto que supone la nueva situación en las aulas.

Son ellos quienes tienen pendiente el proceso de adaptación a la sociedad cambiante y renovada que nos rodea, que plantea necesidades muy distintas a las que nos planteaba hace sólo unos años.

¡CÓMO SON LOS JÓVENES DE AHORA!

De entre las muchas quejas que encontramos a la escuela actual, una de las más frecuentes suele ser que "el nivel educativo de nuestros estudiantes, baja", que "los alumnos de ahora no son como los de antes", que "nosotros, a sus años, éramos mucho más autónomos y maduros"... en fin.

Y nada más lejos de la realidad. Baudelot y Establet (1989)[9] ya desmienten categóricamente esta afirmación y lo argumentan de forma contundente; Marchesi (2000)[10], Pumares y Salazar (2007)[11], entre otros muchos autores, abundan en tal desmentido.

---

9. Baudelot, R. y Establet, R. (1989): *El nivel educativo sube*, Madrid, Morata.
10. Marchesi, A. (2000): *Controversias en la educación española*, Madrid, Alianza.
11. Pumares, L. y Salazar, J. (2007): *Quitando cárcel a la escuela*, Madrid, CEP.

Todas las generaciones, sin excepción de ninguna clase, han caído en la engañosa creencia de que los jóvenes del momento carecen de los valores, de las actitudes o de las aptitudes que caracterizaban a los de la generación anterior, es decir, a la que ellos mismos pertenecían. Ya en Platón encontramos por escrito este lamento autocomplaciente de creerse mejor que los siguientes y, desde entonces, quién no ha oído una queja semejante.

Resulta realmente fácil caer en el engaño si no acertamos a considerar los cambios de intereses, preocupaciones, manifestaciones diversas de los jóvenes de cada época, que se explican por razón del mero salto generacional, pero la realidad está muy alejada de esa falsa apreciación.

Los jóvenes de ahora, como los de todo tiempo, son quienes están protagonizando el vertiginoso avance de nuestra sociedad en todos los ámbitos: el desarrollo tecnológico actual, y la rapidez con que se produce, no tiene precedentes en la historia de la humanidad, se opera a un paciente a corazón o cerebro abierto, se ha conquistado el espacio exterior y se ha llegado a clonar la vida. En el momento presente se puede restaurar un cuadro o una escultura de Miguel Ángel o Velázquez, o realizar una copia exacta del mismo...

¿Quiénes están haciendo todo eso? ¿No son precisamente los jóvenes, igual de formados que los de generaciones anteriores, quienes llevan a nuestra sociedad a cotas de conocimiento insospechadas y a ritmos de vértigo?

¿Cómo podemos afirmar que los jóvenes de ahora no están preparados o que el nivel educativo baja?

Otra cosa distinta es si nos fijamos sólo en lo formal. Si comparamos sólo formas externas, modas, gustos, música, estilos de diversión...

Si nos fijamos exclusivamente en los rendimientos académicos o en los contenidos curriculares que se imparten en cada una de las etapas, podemos encontrar que nuestro Bachillerato Elemental era más exigente que la actual Educación Secundaria... y no digamos de aquel Bachillerato Superior comparado con el que ahora da acceso a la Universidad.

Con frecuencia hemos oído, incluso podemos haber dicho en alguna ocasión, referidas a algún joven estudiante, frases como: "y a tu edad, yo ya hacía...", "a tus años yo había dado ya...".

Vamos a detenernos un momento.

Aquellas etapas educativas estaban concebidas en el seno de un Sistema Educativo discriminatorio y segregador, que se "quitaba de encima", a edades bien tempranas, a la mayor parte de la población, condenándola a la inserción laboral infantil o a la ociosidad más absoluta... en definitiva, a la calle. El propio sistema seleccionaba a los individuos más capaces y sólo ellos tenían acceso a las enseñanzas medias y superiores... ¿Qué mérito tiene que la escuela reproduzca, provoque y aun potencie el cruel funcionamiento de la naturaleza? ¿Qué fundamentación puede sustentar a una escuela basada en la selección natural y en la segregación de los individuos menos dotados?

¿No les parece a los lectores que desde ese planteamiento hay muy poca distancia al instinto que inspira el comportamiento de los ciervos? ¿Deberíamos incorporar a nuestras formas de conducta social el hecho de que sólo los machos dominantes cubran a las hembras para asegurar la selección natural y la perpetuación de la especie? ¿Deberíamos seguir excluyendo a las personas por su capacidad o su mayor o menor competencia, como los ciervos menos fuertes, menos dotados, son condenados a la abstinencia?

El esperpento y el disparate nos pueden presentar la realidad de forma cruda y sugerirnos nuevas posibilidades y nuevos argumentos para cuestionar la función de las instituciones.

Actualmente, y a partir de la LOGSE, con todos los problemas que acarreó su implantación, con la escasez de financiación que la condenó a convertirse en poco más que una mera declaración de propósitos, la educación es un derecho y un deber hasta los 16 años. Ningún niño puede ser apartado del Sistema Educativo antes de esa edad, por lo que muchos alumnos que antes eran expulsados a "buscarse la vida" se encuentran ahora escolarizados, tienen idéntico derecho que el resto de sus compañeros y este hecho que parece tan simple como una mera medida política, oportuna o no, rentable o no en términos electorales, tiene una formidable repercusión educativa, universaliza la Educación Secundaria y garantiza la igualdad de oportunidades.

Pero también para el profesorado tiene una enorme repercusión e implica una exigencia absolutamente imprescindible, un cambio radical, y repentino, en el modo de entender la educación y de plantearse su propia práctica docente.

Si el maestro, la profesora de turno, siguen actuando en el aula como lo hacían cuando el alumnado era seleccionado por su capacidad y/o su rendimiento, si seguimos orientando nuestra intervención docente sólo hacia el 10-20 por ciento del alumnado, no es que el resto del alumnado no rinda, es que aunque no sea intencionadamente, estamos privándole de un derecho que la legislación vigente le reconoce, e incurrimos en una dejadez de nuestras funciones esenciales que mencionábamos al comienzo de estas páginas, asegurar la oportunidad de oportunidades; si situamos los contenidos del currículo fuera del alcance de un porcentaje importante de nuestro alumnado, estaremos dejando de proporcionar a todos y cada uno auténticas oportunidades de aprendizaje.

Es el nivel del profesorado el que no está a la altura de las nuevas exigencias educativas —no ya tan nuevas—, no es que el nivel educativo baje.

El alumnado más capaz va a seguir siéndolo, y su rendimiento y su ritmo no se verá alterado si el profesor es capaz de atender a la diversidad en su justa medida. Ellos serán los encargados de llegar a la Luna, de desarrollar la tecnología más avanzada y de operar a corazón abierto. Los demás podrán ser unos buenos profesionales, con una preparación un poco superior.

Creo que, por decirlo de un modo gráfico, no debemos renunciar nunca a tener un fontanero que lea a Shakespeare, que vea películas de Bergman o que participe en una tertulia social.

Incluso si nos fijamos en lo externo, aspectos generacionales que tienen que ver con las modas, los gustos, los hábitos sociales... que pueden resultar "chocantes" para las generaciones adultas, observaremos que todos esos usos no pasan de ser circunstanciales y, como tales, pasajeros. Después de cierta edad, post-adolescente, en la mayoría de los casos, caracterizadas por un cierto espíritu de ficticia rebeldía necesaria para la autoafirmación, todas las generaciones reproducen los esquemas sociales propios de su cultura, y el menos pensado de los días se sorprenden a sí mismos diciendo a sus hijos las mismas cosas que oyeron de sus padres, mostrando las mismas preocupaciones y temores, empezando a encontrar el mismo ficticio salto generacional que ellos mismos creyeron estar protagonizando...

Estamos demasiado "bien educados", demasiado presos para que las manifestaciones externas de ciertos momentos de nuestra vida vayan más allá de lo que supone el desahogo necesario, inevitable, que nos permita volver al redil con cierto aire de dignidad, después de habernos hecho creer que estuvimos a punto de cambiar el mundo que heredamos.

A continuación los jóvenes revolucionarios se cortan las "rastas" que tantos conflictos les procuraron con sus padres y empiezan a peinarse con "gomina", y se casan —ahora muchos sólo por lo civil, pero con toda la parafernalia al uso—, es el momento de pensar en tener hijos y de escolarizarlos en una escuela privada, no vaya a ser que, en contacto con tanto inmigrante, su nivel de competencia curricular se vea afectado, si no se encuentra expuesto a otros contagios de más alto riesgo...

A eso suele quedar reducido el revolucionario cambio generacional que tanto nos alarma.

No sólo es que el nivel educativo no baje, es que, si somos capaces de elevar, aunque sólo sea un poco, el nivel cultural, las expectativas, la autoconfianza, de toda la población, insisto, aunque sólo sea un poco, estaremos invirtiendo en una sociedad más moderna, más igualitaria y más libre.

La cuestión es: ¿estamos realmente interesados en una sociedad más igualitaria y más libre?

UNA REFLEXIÓN FINAL

No quisiera terminar estas páginas sin abordar una reflexión hecha al hilo de lo que ya ha sido expuesto y, retomando, tal vez, algunas consideraciones ya apuntadas anteriormente. Si soy capaz de terminar como empecé, habría escrito un "libro capicúa"... la cosa no está mal.
Como se puede ver, los maestros hacen muchas cosas y, muchas de ellas, muy complejas.

El genial Forges lo muestra perfectamente en una viñeta que la prensa gráfica se ha encargado de popularizar en la que aparece un funcionario que recaba los datos profesionales de una mujer para rellenar un formulario.
Y ante la pregunta "¿profesión?", la mujer responde: "animadora, educadora, actriz, mamá, psicóloga, guía turística, acompañante, traductora, lingüista, ponente, psiquiatra, diseñadora, formadora, escritora, dibujante, gesticuladora y paseante". "Todo eso no cabe", replica el funcionario, con cara de funcionario. Y la mujer resuelve: "Pues ponga maestra, que es lo mismo".
La sociedad exige cada vez más a la escuela, a la vez que ofrece un menor reconocimiento de la función que realiza.

En tiempos afortunadamente pasados, aunque no hace tanto, el maestro era un trabajador mal pagado y, con frecuencia, itinerante, que "daba con sus huesos" en el más insospechado y recóndito lugar de destino, con frecuencia pequeñas localidades alejadas de los núcleos urbanos, y vivía situaciones de necesidad y de soledad que se prolongaban por un cierto tiempo, hasta que una cierta "antigüedad en el cuerpo" le ponía en disposición de acceder a destinos "mejores". Tenía plena vigencia el conocido refrán de "pasar hambre como un maestro de escuela".

Sin embargo, era un profesional de prestigio. La sociedad sentía un profundo respeto por el maestro, sin necesidad de que nadie le declarara "figura de autoridad".

Hoy las cosas se han invertido. Salarialmente se ha mejorado notablemente y los maestros viven con dignidad del fruto de su trabajo (las vecinas ya no tienen que compadecerse y llevar viandas a su casa para hacerle un poco llevadero el tránsito hasta el fin de mes)[12], pero su figura, como la de la escuela en general, ha perdido gran parte del prestigio social que poseía. La sociedad cambia y con ella cambia la lengua. En el siguiente fragmento Carlos Segade ilustra perfectamente el cambio en el significado y en la consideración de ciertas palabras y de las realidades a las que se refieren:

Desgraciadamente la evolución de las palabras a veces nos juega malas pasadas. La palabra "maestro" tiene un noble antepasado etimológico: "magíster". A su vez esta palabra es un derivado de "magis" como adverbio y "magnus" como adjetivo. O sea, "grande", "más". El maestro era el que sabía más y por ello era digno del mayor respeto; se convertía así en autoridad. Esa autoridad no tenía por qué reflejar una recompensa dineraria directa, pero su posición social, relevancia e influencia en el mundo clásico y hasta hace bien poco tiempo era algo evidente.

El contrario de "magis" es "minus" o "minor", que como se puede deducir se traduciría por "menos". El que es menos es el servidor de todos, es el que se rebaja para el bien de la comunidad a la que sirve. Ese es el "minister", de donde deriva la tan poco reputada palabra "ministro".

Mucho han cambiado las cosas desde que evolucionaron estas palabras. Ahora sonreímos comprensivamente cuando oímos que un ministro era un servidor público o que el maestro era una autoridad social. Sin embargo, creo que en ambos casos debemos plantearnos por qué eso que parecía tan lógico a nuestros antepasados a nosotros nos remite como mucho a un sentimiento noble, nostálgico e incluso utópico, pero a poco más.

---

12. Resulta paradójico hablar de mejoría económica en un momento puntual de desencanto generalizado de los trabajadores a causa de las medidas económicas tomadas por el gobierno en el momento de redactarse estas páginas, que implican no sólo congelación, sino reducción de sus salarios, pero esta situación coyuntural no impide el análisis comparativo con la situación de precariedad que se describe.

El maestro en el mundo occidental no tiene la reputación que tenía antes. La educación es gratis y el maestro está infravalorado. Dentro de los estudios superiores Magisterio ha sido la salida para aquellos que se "conformaban" con una diplomatura, de ningún modo equiparable a los estudios que te ponían en situación de ofrecerte una posición social bien remunerada. Sólo los estudiantes muy vocacionales permanecen como un reducto del buen hacer del maestro, contra viento y marea.

[...]

Por su lado, aquel servidor de la comunidad, el ministro, como oficio, también ha caído en el descrédito, ya que el "cursus honorum" ha dado paso a la mediocridad, cuando no a la ignorancia. El poder, decía el católico inglés Lord Acton, corrompe, y lo ha hecho incluso con una de las palabras con las que se personifica. El que debería ser el servidor de todos se ha convertido en el "dirigente" (palabra odiosa), el que retuerce la realidad a su conveniencia política o "educa" desde el poder considerando al resto de ciudadanos, sus iguales, como simple masa manipulable.

Me pregunto: ¿se ha quedado el lenguaje tan obsoleto que el significado histórico de las palabras ya no tiene importancia, hasta tal punto que significan cosas contrarias a lo que deberían?, ¿no será que las palabras siguen significando lo mismo y que los que hemos cambiado hemos sido nosotros? (Carlos Segade, profesor del Centro Universitario Villanueva)[13].

Yo no tengo ningún inconveniente en admitir que el propio colectivo profesional tendrá alguna parte de responsabilidad en este hecho, pero creo sinceramente que es una parte pequeña.

La sociedad ha cambiado y la escuela no ha sabido hacerlo en la misma medida. Me parece que entre ambas realidades

---

13. http://www.clubdellector.com/articulos.php?id_articulos=399

(sociedad y escuela) se da un desajuste importante entre necesidades y funciones, entre oferta y demanda, entre evolución y conservación. Es verdad, pero creo que existen causas mucho más determinantes.

La escuela pública —evitaré, una vez más, referirme a otras modalidades educativas—, como elemento básico de la red educativa general de un territorio, está siendo denostada permanentemente y desde hace mucho tiempo por la propia Administración que ostenta su titularidad.

Si volvemos la vista hacia atrás y nos situamos en los años ochenta, recordaremos un momento de florecimiento de la educación pública. España acababa de salir de una dictadura atroz y el entusiasmo por la libertad se respiraba en el ambiente de una sociedad que renacía y que tenía todo aún por hacer.

La escuela pública se convirtió en una especie de símbolo de la nueva sociedad que resurgía de la opresión, de la ideología impuesta, del pensamiento único (o mejor del no pensamiento). Volvía la posibilidad de elegir, la pluralidad pacífica y armónica... la libertad, en una palabra.

Y la escuela pública representaba la igualdad entre todos los ciudadanos, la equidad y la abolición de la diferencia de clases. El derecho universal a una educación de calidad para todos y la desaparición de los privilegios largamente consolidados.

Por fin los hijos de familias obreras tendrían acceso a estudios superiores y las mujeres empezarían el largo camino de equipararse a los varones en derechos y libertades (en ese camino aún estamos, pero hemos recorrido ya importantes tramos).

Y los maestros asumieron ese reto con idéntico entusiasmo. Creyeron en la escuela pública como lo estaba haciendo la ciudadanía. Y, además, no estuvieron solos.

Ayuntamientos, sindicatos, asociaciones profesionales recientemente aparecidas, Movimientos de Renovación Pedagógica (MRP), asambleas... se sucedían para apoyar la función docente, a investigar, a innovar, y la escuela pública disfrutó de un momento de esplendor que, sin ánimo de comparación, siempre indeseable, no se producía desde la desaparición de la Institución Libre de Enseñanza.

Se recuperan las propuestas de insignes pedagogos olvidados y prohibidos: Pestalozzi, Freire, Piaget, Freinet, Vigostky, Ferrer y Guardia, Tonucci... y proliferan instituciones de claro carácter innovador.

Los centros habían adquirido —casi diré conquistado— un notable margen de autonomía, lo que daba lugar a una rica diversidad, a modelos creativos de organización, a una práctica educativa singular en la que cada centro podía poner de manifiesto sus señas de identidad, las inquietudes de su propia Comunidad Educativa... en definitiva, a la búsqueda de respuestas ajustadas a la situación particular de cada institución, considerada en su entorno y con sus características diferenciales.

Pero esa "alegría" duró poco.

Pronto la Administración —primero central, y más tarde las autonómicas— vio un peligro en todo ello y comenzó un proceso de normalización progresiva. No podía permitir que el control de la situación educativa del país no estuviera bajo un férreo control.

Desde entonces hasta hoy, el recorrido es conocido por todos.

Los educadores, además de las múltiples funciones que les son propias, se ven obligados a realizar multitud de tareas de carácter burocrático que entorpecen su labor educativa y cuya utilidad es más que dudosa para el alumnado. Son menospreciados por la Administración a la que sirven y realizan sus funciones docentes en el más absoluto desamparo.

En los últimos años se han perdido recursos y apoyos fundamentales que habían sido consolidados tras muchos años de esfuerzo, se han desmantelado programas educativos que gozaban de gran tradición y contaban con la experiencia profesional de muchos compañeros que los han ido desarrollando a partir de su propia experiencia. Y muchos otros que aún perviven están amenazados de desaparición o de recortes drásticos progresivos, aun cuando parecían conquistas educativas irrenunciables.

La Comunidad de Madrid, en los tres o cuatro últimos años, ha terminado con la red de Formación del Profesorado que funcionaba de forma satisfactoria después de haberse ido creando, no sin dificultad, a lo largo de casi una treintena de años. En el momento actual, se están dilapidando los programas de Educación Compensatoria y de Aulas de Enlace.

Varios de estos programas fueron proclamados en su día a "bombo y platillo" como reclamos de una alta rentabilidad electoral.

Los Centros de Educación de Personas Adultas (CEPA) ven su continuidad seriamente amenazada, a pesar de que todas las teorías pedagógicas de vanguardia, basadas en el desarrollo de las Competencias Básicas, proclaman la necesidad de contemplar la educación como proceso que dura toda la vida, y del papel compensador que cumplen en el momento actual para personas que no pudieron estudiar en su juventud y lo hacen ahora, libres de cargas familiares y profesionales, entre otras muchas situaciones particulares.

La Orientación Educativa —bien en los propios centros, bien en equipos multiprofesionales— ve cuestionadas su función y su existencia en aras de un ajuste económico provocado por una situación de crisis.

... En fin, me deprimo si sigo...

Todo ello mientras asistimos al despilfarro obsceno que supone pagar 95 millones de euros por un jugador de fútbol, a los ingresos fraudulentos de muchos políticos de uno y otro color que imponen austeridad a las clases trabajadoras o a los beneficios anuales de las mismas entidades financieras que están en el origen de esta crisis económica (y en el de muchas otras) y cuya viabilidad se garantiza con indecentes inyecciones de dinero público.

Bastida, F. y Lara, F.[14]*, conocidos en el mundo educativo como "los Pacos", responsables en buena medida de un centro educativo singular e innovador*

---

14. Bastida, F. y Lara, F. (1982): *Autogestión en la escuela*, Madrid, Ed. Popular.

(público), el CEIP Palomeras Bajas *(Madrid), cuya andadura alcanza ya la cuarentena de años "contra viento y marea", en su obra* Autogestión en la escuela *argumentan cómo la institución educativa carece de medios económicos para realizar actividades básicas, inherentes a la propia esencia de la educación como puede ser organizar una excursión para que los estudiantes conozcan el mundo que les rodea. Y para poder hacerlo, abusando una vez más del voluntarismo y el compromiso del profesorado, se ven condenados a recurrir a todos los medios a su alcance, sorteando lo legal en algunos casos, a inventar todas estrategias imaginables para conseguir los fondos que la Administración les niega... ¿porque esas actividades no son rentables?... ¿O hay algo más detrás de todo ello?...*

Ellos argumentan de forma contundente, inapelable: "Habrá democracia en este país cuando los militares tengan que organizar rifas y vender camisetas para poder realizar unas maniobras".

Las políticas sociales son caras, sí. Y resultan deficitarias en términos económicos, pero resultan esenciales en un país moderno y democrático, que pretenda garantizar la igualdad de oportunidades.

La desatención o la ausencia de las mismas condenan a la escuela pública —como a otros servicios sociales imprescindibles: sanidad, justicia, etc.— a una situación de precariedad difícilmente compatible con la consideración de un modelo social igualitario y democrático.

¿No resulta llamativo y sorprendente que, una vez más, como he mostrado con la descripción de la viñeta de Forges que se hacía en páginas anteriores, observadores externos, periodistas independientes, diseñadores gráficos, intelectuales de diversos campos, etc., tengan que ejercer la función de denuncia que la propia sociedad, presuntamente democrática, que la clase política elegida por el pueblo, presuntamente comprometida y autocrítica, no es capaz de realizar?

Y en esas circunstancias los maestros, las educadoras, siguen desempeñando su función —sus funciones—, solos ante la adversidad y la falta de respaldo, pero comprometidos con su alumnado, con esos niños y niñas a quienes tienen que garantizar los dos servicios imprescindibles con los que comencé estas páginas:

- Cariño, mucho cariño.
- Verdaderas posibilidades de aprendizaje.

Unos pocos lo harán mal, me consta que la mayoría se dejan la piel en el intento, pero tenemos que saber que libramos una batalla desigual y que luchamos en condiciones adversas. Y nuestra profesionalidad, nuestra vocación y nuestra entrega tiene que sobreponerse a todo ello.

Los modelos que presenta nuestra sociedad y que difunden los medios de comunicación, los valores —contravalores— hedonistas imperantes, la persecución del triunfo cómodo y del dinero fácil, la sobrevaloración del cuerpo y de la belleza, la impunidad de utilizar no importa qué medios para obtener no importa qué fines, la existencia de una clase política neoliberal, que gobierna en términos de eficiencia y de rentabilidad económica... son los verdaderos enemigos de la función educadora de la escuela. No son los padres, no son las madres, no es el maestro ni la maestra del aula de al lado, por mucho que discrepe conmigo.

De la discrepancia con el maestro del aula de al lado, necesariamente saldrá un camino a seguir, una experiencia por recorrer, un enriquecimiento siempre.

De la desaparición de programas, servicios y recursos públicos, de la infravaloración de los docentes por parte de la Administración, del gobierno interesado del capital y del *glamour*, sólo saldrá podredumbre.

CONCLUSIÓN

Ahora sí, me voy a atrever a concluir de una forma muy sencilla, así es el trabajo de los maestros. Creo que se ha equivocado quien esperase una conclusión demoledora.

O puede que no...

Hasta aquí he repasado, no sé con qué orden ni con qué concierto, algunas de las cosas que "hacen los maestros". En algunas me he extendido un poco, la mayoría no han hecho más que quedar esbozadas... Se ha disertado mucho, pero apenas un centenar de páginas impone no poca limitación.

Me consta que quedan muchas cosas por decir. Y aun que muchas de las que he dicho podrían matizarse y debatirse hasta la saciedad. Sé, y me satisface saberlo, que cualquier maestro o maestra que lea estas páginas aportaría cientos de detalles, de sugerencias, de modificaciones...

Yo mismo he argumentado profusamente acerca de la imprevisibilidad de esta profesión apasionante y compleja.

Con seguras carencias, con la certeza de innumerables, posibles, matizaciones, hasta aquí he reflexionado, basándome en mi experiencia, acerca de lo que hacemos los maestros.

Pero sé que no. Estoy convencido de que sólo he hablado, escasamente, de algunas de las cosas que hacemos los maestros hasta el día de hoy.

Lo que hagan los maestros mañana... lo que haga cada uno de ellos cuando llegue a su aula, se enfrente a la mirada de su alumnado —quiero decir, a la mirada de todos y cada uno de sus alumnos y sus alumnas, observe sus rostros, escrute sus estados de ánimo—... eso no podemos saberlo hoy.

Eso forma parte de la imprevisibilidad de esta profesión que tantas veces he proclamado apasionante.

Lo que puedan hacer los maestros y maestras mañana, cada uno al frente de sus aulas, de sus niños, de sus padres y madres, y de su entorno, será el punto de partida para un próximo libro.

OTROS TÍTULOS PUBLICADOS

344. El oficio de maestro
 Luis Pumares Puertas

343. China en 88 preguntas
 Xulio Ríos

342. Los nuevos actores en la cooperación internacional.
 El papel de los Gobiernos locales y regionales
 Rosa de la Fuente (coord.)

341. Nicaragua es un país de colores.
 Unidad didáctica para Educación Primaria
 Ernest Cañada

340. África al socorro de África
 Sanou Mbaye

339. Didáctica e innovación curricular
 Raúl García Medina y José María Parra Ortiz

338. Metodología de investigación en cooperación para el desarrollo
 Enara Echart Muñoz, Rhina Cabezas Valencia y José Ángel Sotillo Lorenzo (coords.)

337. Procesos y contextos educativos
    Soledad Gil Hernández, Escolástica Macías Gómez, José María Salguero Juan y Seva y Mercedes Sánchez Sáinz (coord.)

336. La República de Weimar. Manual para destruir una democracia
    César Roa Llamazares

335. Patriotas y demócratas. El discurso nacionalista español después de Franco
    Xosé Manoel Núñez Seixas

334. Decrecimientos. Sobre lo que hay que cambiar en la vida cotidiana
    Carlos Taibo (dir.)

333. Esfera pública africana. Medios para las democracias
    José Carlos Sendín y Antoni Castel (eds.)

332. Cómo educar en la diversidad afectiva, sexual y personal en Educación Infantil. Orientaciones prácticas
    Mercedes Sánchez Sáinz (coord.)

331. Claves internacionales en la Transición española
    Óscar J. Martín García y Manuel Ortiz Heras (coords.)

330. El pensamiento tradicional africano. Regreso al Planeta negro
    Ferrán Iniesta

329. El próspero negocio de la piratería en África
    Miguel Salvatierra

328. La cooperación Sur-Sur en Latinoamérica. Utopía y realidad
    Bruno Ayllón Pino y Javier Surasky (coords.)

327. La corrupción de la democracia
José Vidal-Beneyto

326. Nigeria. Las brechas de un petroestado
Aloia Álvarez Feáns

325. La República Federal en España. Pi y Margall y el movimiento
republicano federal, 1868-1874
C. A. M. Hennessy

324. Historia del Sáhara y su conflicto
Alejandro García

323. Jolasaren Alternatiba [II]. Bakerako hezkuntzako jolasak
eta dinamikak
Seminario de Educación para la Paz, Asociación Pro Derechos Humanos

322. Jolasaren Alternatiba [I]. Bakerako hezkuntzako jolasak
eta dinamikak
Paco Cascón Soriano y Carlos Martín Beristain

321. La última selva de España. Antropófagos, misioneros
y guardias civiles
Gustau Nerín

320. Viaje a la sostenibilidad. Una guía para la escuela
Joseba Martínez Huerta

319. Su crisis y la nuestra. Un panfleto sobre decrecimiento,
tragedias y farsas
Carlos Taibo

317. Juegos de paz. Caja de herramientas para educar hacia
una cultura de paz
Cécile Barbeito y Marina Caireta

316. Políticas, poéticas y prácticas artísticas.
Apuntes para una historia del arte
Julián Díaz Sánchez

315. La integración regional y el desarrollo en África
Lourdes Benavides de la Vega (ed.)

314. Imaginar África. Los estereotipos occidentales sobre África
y los africanos
Antoni Castely José Carlos Sendín (eds.)

313. El interés y la regla. Multilateralismo y Naciones Unidas
Gelson Fonseca Jr.

313. Paz y seguridad en África Subsahariana
Óscar Mateos (ed.)

312. El perdón de Franco. La represión de las mujeres
en el Madrid de la posguerra
Ángeles Egido León

311. Educación intercultural. Análisis y resolución de conflictos
Colectivo Amani, Beatriz Aguilera Reija, Juan Gómez Lara,
Mar Morollón Pardo y Juan de Vicente Abad

310. Mitos y realidades de África Subsahariana
Mbuyi Kabunda y Antonio Santamaría

309. La socialdemocracia
Ludolfo Paramio

308. Cómo educar en la diversidad afectivo-sexual en los centros
escolares. Orientaciones prácticas para la ESO
Mercedes Sánchez Sáinz (coord.)

306. Los moriscos. Conflicto, expulsión y diáspora
Luis F. Bernabé Pons